JN410005

석 / 현 / 수 / 의 / 세 / 상 / 사 / 는 / 이 / 야 / 기

온달을 꿈꾸며

석현수 지음

學而思

석현수의 세상사는 이야기
온달을 꿈꾸며

지은이 | 석현수

초판 인쇄 | 2008년 4월 24일
초판 발행 | 2008년 5월 1일

펴낸이 | 신중현
펴낸곳 | 도서출판 學而思

등록번호 | 제346-2005-00017호
등록일자 | 2005. 6. 24

주소 | 대구광역시 중구 동산동 7번지
전화 | 053) 554-3431
팩스 | 053) 554-3433

ISBN 978-89-958473-7-4-03040

온달을 꿈꾸며

이책을 엮으면서

쓰는 즐거움 보다는
끈이 짧아 고통이 더 심했다
언 땅이 풀릴 초봄에 문학사 자격을 얻었다
commencement의 어원이 새 시작이라면
이제 출발 선상에 겨우 서 있는 셈이다
'돼지' 출간이후
손자도 얻었다
큰 힘들이지 않고
할아버지 관문을 무난히 통과한 셈이다
필명도 치레로 하나 붙였다
온달[滿月]처럼 비추기를 갈망했다
이런 저런 한해의 소회를 엮어
책을 묶었다
서툰 무당이 사람 잡듯
서툰 필봉이 덧을 내지는 않았을까?
부족한 글들이 남의 눈에 나지 않기를 바라며
때 되어 쑥스럽게 또 한권을 묶어 낸다

온달[滿月]

차 례

저승사자를 만나다

귀한 손님

내 눈에 내 아이

우량아 대회가 있었다
단연 우리 손자가 일등을 했다

얼마나 장한 일인가?
나는 쾌재를 불렀다
태어난 지 한 달 만에
이런 큰 상을 타다니
키, 체중, 용모에서 만점을 따냈고
품성 면에서도 그만이다
달덩이 같은 얼굴에
잠결에 한번씩 씩 웃어주는 침대 매너가
심사위원의 마음을 사로잡았나 보다
모유를 먹이는 아이들만
참가한 대회라서 더욱 의미가 크다
주심이 보아도 부심이 보아도
누가 봐도 영락없는 일등이다

만장일치로 우리 아이가 뽑혔다
심사는 공정도 하였고
당연도 하였다
의견조율을 위한 긴 회의가 전혀 필요 없었다
심사위원이 누구였는지는
큰 사안이 되지 못한다
할아버지가 주체자였고
할머니는 부심을 맡았으니까

장하다 내 손자
내 눈에 내 아이

귀한 손님

달이 가져왔을까
해가 불러왔을까
꽃 머금은 봉오리 볼을 하고
창가에 뉘이니
제 자리 찾아 든 주인 모습이다
오래전 이전 오래전부터 낯익은
본향(本鄕)을 찾아 든 듯
편안한 단잠이다
긴 여정에 얼마나 피곤하였기에
저리도 깊은 잠을 잘까
하늘 만큼
땅 만큼
그 사이 모든 정기(精氣)를 정성스레 담아
보내 주신 귀한 손님

귀를 보아라
코를 보아라
입가를 보아라
저 손 좀 보아라
저 발 좀 보아라
운해(雲海)에 가린 큰 산 같이
한꺼번에 다 뵈지 않는 신비의 용모여
수천의 깊이
수만의 넓이로도 헤아림이 잡히지 않는
생명의 샘으로부터 갓 길어 올린
신선한 숨결
새근거림이여
아가야 눈뜨면 울음으로 알려다오
미동(微動)만 있어도
큰 탄성(歎聲)으로
모두는 귀한 손님을 환호하리라

한 칠 사이

천사가 이 땅에 온지
한 칠이 막 지나고 있다
아기는 자연스레 지상의 것들을
배워 나아가고 있다
배고프거나
기저귀를 갈아야 할 시간은 모두 울음으로 알리고
입가로 스치는 건
먹을 것이라는 요령이 생겨나
볼에 손만 가도 젖꼭지다
살기 위한 기본 과제를 관숙(慣熟)한 것이다
땅위의 일을 알아 간다는 것은
하늘의 일을 하나씩 잃어 가는 것
마냥 천진한 아기가 되어서는
아차하면 굶는다
아기는 지금 하늘만큼의 거리로 떠나와 있다
벌써 요령이 필요하다

천상으로 눈을 감고
세상으로 눈을 뜨는
초점(焦點)도 감(感)도 잡히지 않는 한 칠 사이
진도가 매우 빠른 학습이다
생존법칙 제 1장 1절
'우는 아이에게 젖 한 번 더준다'
시나브로 아기가 운다

새 손님

새 손님은
역사(歷史)이어서
종(種)의 기원에서 흘러나와
앞으로도 끝없이 흘러갈
면면한 가문의 강물위에 더해지는
빗방울이 될 것이다

새 손님은
비록 연두색 여린 싹으로 오나
성하(盛夏)의 무성함과 가을의 담대(膽大)함으로
스스로의 색깔을 낼 것이며
겨울 내홍(內訌)속에서도 굳건하여
또 다른 생명의 싹을 틔워 나갈 것이다

새 손님은
우주의 공간을 비집고 들어와
삶의 바통 인계를 요구할 것이며
역사(役事)는 몇 년간 걸릴지 모를 일이나
그의 할아버지는 순순하여
세월 이어 달리기의
당연한 섭리로 알고 기뻐할 것이다
새 손님은
크고 높고 우렁참 보다
생각과 언어와 행동이
다른 이와 크게 다르지 않아
타인과 더불어 세상을 살줄 알며
사회 보편적 가치에 오히려 충실한
우주의 자녀가 되려
이 땅을 찾아든 순례자일 것이다

새 손님이
삼신할미의 매운 손때를
등에다 묻히고
하얀 백지에 까만 족적(足跡)을 찍을 때
환희의 탄성이 동시에 울려 퍼질 것이며
모두는 춤추며 서로 얼싸 안으리라
새 손님은
길이 세상을 이롭게 하소서[世永]

할아버지

할아버지란
어떤 노력의 대가로 얻어내는 직위가 아니라
내 아이가 다시 그 아이를 낳을 때쯤
공으로 얻어지는 불림이며
세월이 뒤집어 씌우는 타이틀이다
아직 마음이 튼실치 못해
투정 하고, 말썽 내고 하찮은 것에도 희비가 있어
어설픈 살림을 꾸려가도
세월가면 할아버지는 되나 보다
흰 머리나 쭈굴한 목 언저리 보다는
새벽같이 서두르며 병원 간 딸아이의 해산(解産) 소식에
아무런 준비가 없이
운명처럼 할아버지가 된다
그나저나 이제부터는
꼭지가 잘 떨어진
뒷 궁기 매끈한 할아버지로 살아가야 할텐데
덜렁 덜렁 살아온 지난 행보(行步) 때문에
체면 차려 어른행세 힘들 것 같아

곱게 늙기로 해요

앞줄에 부부가 앉는다.
아저씨의 벗겨진 머리로 보아
또래 쯤 될까, 60 고개는 넘은듯하다
교회에선 항상 신경을 끄고 살지만
앞쪽 부인의 뒷모습에 시선이 자꾸 가서
옆에 있는 쥔 양반께 민망스럽다, 위에서 아래까지
오르락내리락 훑다보니 예배가 예배가 아니고
기도가 기도가 아니다

우선 네이비 부루의 바바리 코트가
여인을 십년은 젊게 보이게 한다
잘룩 동여맨 허리띠로 곡선을 살려낸다
뒷모습만 보아서야 영판 소녀가 아닐 수 없다
목에 두른 가지색 머플러가 또한 지적이다
코트의 색깔과 머플러의 코디가 잘 맞는다
저 나이에 검은 머리일리야 만무하겠지만
염색을 잘 해서 귀밑머리는 검고 숱하다
중(中) 늙은이라기 보담 오히려 새 색시다

옛날에 당신도 저랬는데 말이야
그래본들 누가 믿기나 하겠어?
시집올 때 예쁜 얼굴 생각이 나고
늘어뜨린 코트가 정말 잘 어울렸다는 생각도 나고
섬섬한 손가락도 얇고 길었으며
이목구비 또한 또렷해 올림머리가 좋았었지
그래 미인이야!
거울 속 미인이었지
달 아래 미인이었지
허나, 살림 맛을 들여 편하게 살아 온지 30년 넘어
고왔던 모습은 오간데 없고
아무거나 입어 수수하다고
그저 그러려니 하고,
가정주부라 그러려니 하고
내 손으로 화장품 하나 챙긴 적 없었는데
아니 벌써 할머니 소리 들어야 하고
허연 머리에다 머리숱마저 성글어지니
당신이 세월에 볼모 잡힌 줄도 모르고 살고 있었구려

크게 후회 하였소
그리고 소망 하였소
이게 사는게 아닌데 라는 생각도 들었소

머리 물감부터 우선 들입시다
그리고 가을 적 단풍 빨간 코트도 하나 준비합시다
맨 얼굴이 더 잘 어울린다는 얘기 더 이상 하지 말아요
가꾸는 것만큼 젊어진다 하오
분칠도하고 입술연지도 하고
당신 긴 사슴 목에 스카프도 두릅시다
앞줄 부인 뒷모습 위에 당신을 올려 보았소
당신은 이미 소녀가 되어 나를 보고 웃고 있네요
세월에 휘둘리지 맙시다.
소녀여,
나의 소녀여
우리 저렇게 곱게 늙어가기로 해요

행복 부부

맑은 눈으로
서로의 건강을 살펴주며
음악을 틀고 아침 창을 열면
밝은 하루가 밖에서 기다리고 있다
귀[耳]가 순(順)해지니 입도 부드러워
표현도 이해의 폭도 단아하여
예절이 절간 같은 느낌이다
멀리 있는 아이들 내외가
아롱다롱 맘에 놀아
서로의 마음을 쉬이 들킬 때도 있지만
내색 안하기다
먼 미래에 대한 희망 보다는
가까운 내일을 생각하는 차분함으로
나날을 보내고 또 맞이한다
뚝배기 된장 하나로도
풍요한 밥상이 되는

일용할 양식 주심에 늘 감사하며
한 장의 그림으로
내 아이들 벽에다 걸리고 싶다
밀레의 '만종(晩鐘)' 모습으로

보쌈을 먹다

사랑아
어딜 헤매다 이제사 돌아와
가을이 다 지나가는 길목에
뼈만 앙상히 남아
긴 목 빼고 턱 내밀며 보쌈을 먹고 있는가?
넙죽 넙죽 삼킬 때마다 움직이는 울대 뼈 따라
스르르 흘러내리다 맺히는
가엾은 아내의 여린 마음이여
계절이 주는 냉기야 참아도 보련만
세월에 빼앗긴 사내는 피골이 붙어버려
도무지 그려도 그려지지 않는 옛 모습에
아내가 서럽다

사랑아

어딜 헤매다 이제사 돌아와

절인 배춧잎 꼴로 처져

꼬릿한 멸치젓갈 냄새나는 김장독 앞에

고개를 조아리는가?

돼지 목살 한 점 떼어

보쌈 하여 연달아 밀어 넣을 때 마다

뱀 아가리 보다 더 크게 입 벌리며 좋다고 탄성하는

그 옛날 울음만도 못한 웃음으로

사랑의 화답을 보내는가

먹어도 살점 한점 없고,

걸쳐도 귀태(貴態) 나지 않는 꼴 하며

아내여 미안하오

아우야 미안하다

네가 큰 소리 치면
형은 죽는 척 엄살을 피워야 했다
언제나 굵게 먹는 아우 되어
나를 업신여겨 주며, 조롱해 주던
그런 네가 정말 좋았다
늘상 한 가지 바램은
너는 나보다 더 잘 살아야 한다는 것

잘나가던 때는
협동조합 이사도 되었고
라이온스에 맴버가 되었다고 자랑도 하고
골프장 출입증 내 달라 조르기도 하고
공짜 여행 초대받아
영국 테임즈 강 강변에서서 포즈도 취하고
그 사진 벽에 걸어 멋도 내었다
옛날 아우가 아니라

지역 사회 지도층 인사가 되었으니
아우 대접 각근해야 한다고 목청 돋울 때는
내게도 이런 훌륭한 아우가 있었나 싶었지
눈에 넣어도 아프지 않을
고맙고, 감사하고, 든든했던 너
너의 성공은 내 성공보다 더 값진 것이었고
나는 너로 인해 행복했었다

아들 넷이 있었으니
위로 둘, 아래 하나는 눈을 뚫었으나
중간에 너 하나 만을 까막눈 만들어
중등과정 마치자
아버지는 농사일에 너를 붙들어 매었고
소같이 황소같이 노동했었지
가련한 내 아우
숨통 죄는 무더위 속 논매기며

마음에 콩 튀던 가을걷이
등짐으로 날라 오던 아궁이 땔감하며
들 일 하랴, 부모님 섬기랴
어느 것 하나 네 손 거치지 않은 것 있었으랴
긴 밭이랑, 꼬부라진 논두렁 살피며
부모님의 부(富)를 지키고 살았었지

농사나 짓고 시골에선 못 살겠다고
도회 물 먹겠다고 뛰쳐나와
서서먹고, 서서자고
독한 오기로 시장 바닥에 살아남아
이제는 배운 놈 부럽지 않다 하였을 때
그 거드름이 내게는 너무 좋았고
잘 살아주어 고맙다는 인사 외에 아무 생각없었다
사자 같은 고함 소리가 참 듣기 좋았다
출세도 잠간, 영화(榮華)도 잠간

불경기 잦은 서리에
이레 저레 곤두박질 치고
눈은 높아져 모든 것이 시시해 보일 때
살림은 내리막길을 달렸고, 그나마 제동 장치도 없었다
평생 먹을 것을 장만 해 두었다는 집도
전셋돈도 못 빼 주는 빚이 되고
이사로 모신다던 협동조합은
아우네 집을 저당 잡고 늘어지니
이 곳에서 치이고 저 곳에서 할퀴고
바닥 신세가 되었을 때는
아우의 얼굴에는 남 탓만 남아 있었다.
'어머니 왜 나를 낳으셨나요.'
'아버지 나에게 해 준 게 무엇 있나요.'
'형은 그래도 배웠잖아요.'
살아가는 문리(文理)가 억지, 무작정, 생 때로 변할 때
죽은 조상까지도 원망을 했다

너만은 꼭 잘살아서
너털웃음 양 귓전에 매 달고 살길 바랐는데
쩌렁 쩌렁 큰 목소리 오래 오래 듣고 싶었는데
장하다! 대단 하다! 큰 인물이로다!
엄살떨며 네 눈치 보고 살고 싶었는데
왠일이냐
네가 내게 손을 벌릴 일 생기다니
형은 배웠거든
배운 만큼 너를 위해 무언가 해 주어야 해
아픔을 나누어야 하거든
그러니 무엇이든 팔아치워
뭉치 돈 마련해 일으켜 세워야 하는 건데
내 것이 네 것이고 네 것이 곧 내 것인 것이
그것이 형제라 생각했는데
형은 갑년(甲年)을 넘기고,
더 이상 경제 활동도 접어

속 돈도 쌈짓돈도 식구 몰래 만지는 위인도 못되고
자식에 사위 까지 달고 보니
더 이상 형 혼자만의 문제가 아니 더구나
아우야, 미안하다
놀부 같은 형이라 욕 하여라
푼수 같은 형이라 욕 하여라
네 말처럼
여자 치마폭에 휘둘린 놈이라 욕먹어도 싸지
땅 떼기 하나 떼어주면 네 팔자를 고칠텐데
툭 툭 팔아치워
사장소리 한 번 더 듣고 살도록 해 주고 싶지만
밝지 못한 이재(理財)에
공직 생활 30년, 내 길 앞가림도 어두우니
어이할꺼나
한 가정의 가장(家長)으로,
아이들과, 아내와 더불어 살아야 하는

부양자의 길을 먼저 강요받아야 하는
형제의 일보다는 자신부터 먼저 추슬러야 하는
그런 남 저런 녀[甲男乙女]로 살아야 하는
그래서 별다른 사람이 될 수 없는
그렇고 그런 위인이거든
머리에 들어도 헛배운
못난 사람이거든
베풀지 못해 미안하다
도우지 못해 미안하다
정 듬뿍 주지 못해 미안하다
간단한 어느 것 하나 선뜻 못 해 주며
형이 형으로 살지 않고
그냥 너를 두다니
아우야 정말 미안 하다

4월은

목련 같아서
하얀 목 같아서
비로나자불 미소 같아서
어지심 같아서
버들강아지 잔털 같아서
소리 없이 열리는 기운 같아서
아롱대는 아지랑이 같아서
점심 후 밀려오는 춘곤증 같아서
그러다
깜빡 죽어 넘는 사월[死越]같아서

가요무대를 보다가

낙엽

빠르게
더욱 빠르게
가을꽃은 서둘러 핀다
세월 가듯
속도가 붙어
마침내
잉걸불로
온 산을 달군다
지는 해가 서산을 불태우듯
갈잎의 무대는
화려한 향연이고 싶다
우수수 부대끼는 잎 소리가
위령곡의 전주곡임을 모르랴마는
그래도 혼신(渾身) 하는 나무 꽃 열정은
고결한 예인(藝人)의 모습이다

꽃 뒤에 가린
그늘진 삶을 살았기로 서니
세상을 향해
아름다움 하나 남기고 떠나고 싶어
억척 김밥 할머니의
쌈짓돈 기부금처럼
거룩한 마감을 생각했겠지
아래로
더욱 아래로
마지막 눕는 날까지
낙엽은 꽃으로 휘날리고 싶어 한다

가요무대를 보다가

금번 11월 첫 가요 무대는
1,000회 기념이라고 합니다
매주 한번 꼴로 계산해 보니
일 년에 50회쯤은 방영 되었을 거고
그러고 보니 어림 잡아
20년이 된 것 같습니다
방송 도중 옛날 처음 시작 했을 때의
초(初)회 방영 내용을 기념으로 내 보내 주었습니다
아랫부분의 자막을 보니 1985년 11월이 적혀 있어
주먹구구 계산이 거의 비슷하게 갔었구나했고,
정확히는 21년 전 일이었습니다

당시 이미자, 조영남은 젊은 얼굴이었고
가수 혜은이도 홍안이었으며
김동건 사회자의 젊은 모습은 물론이 거니와
후배가수를 띄워 준다고
이미자로부터 전도 양양한 신인가수라고 칭찬을 받고

흐뭇해하는 주현미의 모습도 있었습니다
이제는 흘러간 노래를
실어 나르던 가요무대가 1,000회이고 보니
노래를 불렀던 사람도, 사회를 보았던 사람도
지금은 흰머리가 쇠었을 테지요

내가 마흔 살에 들었던 재방송 가요무대 노래는
생전의 아버지 어머님 모습을 생각나게 하며
20년이 훌쩍 지난 가을에
또 다른 감회로 제가 다가옵니다
마치도 타임머신을 타고 시공을 넘어선 듯 말입니다.
그때 아버님 나이 예순 다섯 (1985년)
지금 자식 나이 예순 (2006년)
아버님이 잠겼던 애수의 가을 분위기도 이랬을까요?
돌아 가신지도 벌써 15년이나 되셨는데
지난 그리움이 와락 밀려와서
저도 모르게 눈시울이 젖어들었습니다

아버지 어머님도 다른 집 어르신들처럼
가장 좋아했던 프로그램이 가요무대였었지요
두 분 모두 가신지도 한참이 지났지만
그 노래들은 후배가수들에 의해
끊임없이 이어지고 있고
앉으셨던 그 자리에 자식 또한 이순의 나이가 되어
두 분의 배턴을 이어 이 프로그램을 보고 있습니다

헤일 수 없었을 수많은 밤을
그리움은 가슴마다 사무쳐 흐를 동백꽃 세월
노래 가사를 곱씹어 보며
추억에 잠기고 있습니다
세월도 가고 비록 두 분도 떠나셨지만
가요 무대가 있는 한
아버지 어머님은 항상 저희와 함께 하고 계시옵니다
아, 아, 으악새 슬피 우니 가을 인가요?
가을에 문득 문득 두 분을 그리워하고 있습니다

나들이

세월을 덜어낸
할머니의 발걸음은
깃털처럼 가볍다

이곳인가 했더니
벌써 저곳으로
유영(遊泳)하는 모습이 나비 같다

바람이 불 때마다
치마폭 속에 자욱한 안개를 담고
잠시 세상을 떠나 보기도 하고

용안에 패인 주름
수심(愁心)의 능선을 돌아
지나간 긴 세월도 잠시 다녀오신다

딱한 친구

좋은게 좋은거야
싫어도 웃으며 가 보는 거야
막판이면 모두 그렇게 하거든
일일이 셈하다가도
파장이면 우수리를 주루룩 쏟아 부어
후(厚)해지는 나이가 되었거든
사각의 링에서
최선을 다하는 젊은 권투 선수의 모습으로
긴장하고만 살 수는 없거든
링을 내려오는 순간
선수는 평상(平常)의 유순한 사내로 돌아가지
친구여, 그만 부딪치고 살게나
이쯤에는 가드(Guard)도 내리고
바닥으로 내려와 쉴 나이가 되었거든
진주 남강 푸른 물 보며
경남 사천 유천면 항공사 지나다

문득 떠 올리는 억척스런 사내의 모습
친구여, 답안지 제출할 시간이야
얼른 떨치고 일어나시게
저무는 날에는 저승 가서 늘어놓을
구차한 변(辯)이라도 준비해 놓아야지
참으로 딱한 친구여
시간 없거든

못난 형들

동생에게 기운 하느님 사랑 때문에
형 카인이 아벨을 죽여 인류 최초의 살인자가 되었다
카인은 저주 받아 떠도는 자가 되었으나
하느님은 징표를 주어 죽음만은 면하게 하였다 (창세기 4:17)

동생에 기운 아버지의 사랑 때문에
형 유다는 요셉을 이방인에게 팔아넘겼다
굶어 죽을 지경에 아우의 노예가 되어도 좋다고 했지만
아우는 형들을 용서하였다 (창세기 37:27)

동생을 위해 아버지가 잡는 살진 송아지 때문에
형은 아우를 미워했다
돌아온 탕자를 잃었던 한 마리 양으로 생각한 아버지까지도
사랑은 형만을 위한 것임이 아님에도 불구하고 (루가 15:11)

별난 애정 표시

세상에 무뚝뚝하기로서니
이런 사내가 또 있었을까?
그리 오래지 않은 옛날
마을에 한 농부가 있었다
별다른 능력도 없으면서 아이들은 많이 낳아
흥부네 처럼 여섯 남매나 두었다
그의 개똥철학은
자식이란 낳기만 하면
제마다 자기 밥숟갈을 가지고 온다나?
아낙은 항상
사내랑 그만 살겠다고
입버릇으로 말 하면서도
줄줄이 아이 낳고 혼자도 힘든 보릿고개를
고행(苦行)같이 더불어 건너는 것이다
천하에 정나미 없는 사내라고
입버릇으로 말 하면 서도 말이다

사내의 돈벌이는 나뭇짐 팔기
더해서 갈치 꼬리만한 자갈밭 몇 뙈기 뿐
시쳇말로 경제능력 하고는 거리가 멀다
그러나 사랑 때문에
꼴난 사내의 어설픈 애정 표시 때문에
속아서 한 해를 사는 것이었다

"이눔의 종낙들아 밖에 나가 놀아라."
불화 같은 사내의 성화에 여섯 아이는
집밖으로 내 몰리고, 삽짝[大門] 문은 닫힌다
그리고는 아내는 부엌으로 호출이다
"이년아 오늘이 네 생일이다
이거나 먹어라, 귀한 거다"
무뚝뚝한 사내가 내미는 것은
삶은 계란 몇 개
그것은 전일(前日) 마을을 돌며 간신히 구한 계란이었다
눈물이 가려, 목이 메여,

아내가 북받쳐 우는 동안
무뚝뚝한 사내는 위로의 말도 없이
휑하니 지게 지고 산으로 향해 버린다
사내의 기행(奇行) 같은
단 한 번의 애정 표시가
또 한해를 속아 사는 아낙의 힘이 되는 것이다

사랑하는 당신의 생일을 축하합니다
장미꽃 백 송이를 들고
무릎 꿇고 숨 넘어 가는 애정 표시를 해도
이혼율이 30퍼센트 가 넘는 세태에
단지 삶은 계란 몇 개로
아내를 사로잡던 무뚝뚝한 사내의 모습
꽃을 든 남자(?) 보다 감동적이지 않는가
무뚝뚝한 남편과
허기진 아내들이 살아가던 모습은

그리 오래지 않은

내가 어릴 적 마을에 있었던 일

벙어리 같이 무뚝뚝했던

시골 남정네들의 카리스마가 가끔은 그리울 때도 있다

정해생 돼지

정해 년 초하루입니다
돼지해는 분명합니다마는
60년만의 황금돼지 일 줄은 몰랐네요
600년 만의 황금돼지로 인플레 될 때는
내 존재도 무척 우아해 보였어요
집값 치솟듯
돼지 주가도 천정부지로 올라갑니다
60년 만이다, 600년 만이다,
헛소리가
헛소리를 낳아
웬만한 새해 연설문 앞에 무조건 끼어드는
삼천만의 돼지 타령이 되었습니다
한술 더 떠 꽃 돼지해라 부르는 이도 있고요
가는 곳 마다 좋다 좋다하니
더욱 신명이 납니다
이러다 정해년 말에는

관상용 돼지를 매달런지요?
냄새나고, 불결한 돼지우리에서도
아무튼 볕들 날이 있나 봅니다
신문이나 잡지에 등장하는 돼지는 모두
나비넥타이를 목에 달았네요
유럽귀족 부인에게나 써질
보닛(bonnet) 모자를 쓴 놈도 있고요
닭똥 주어먹고 멍석에서 기었을
우리가 났을 60년 전, 정해 년,
지금처럼 돼지 송(頌)이 없었을 텐데
허기진 배, 보릿고개 넘었을 텐데
지지리도 복 없는 돼지였을 텐데
그때는 부자 집 장롱 속에는 황금돼지가 없었을 테니
꽃 돼지라 부르지도 않았겠지요?
상술이 불러들이는 위력
돼지우리에서도 향기를 내는 시대

얼떨결에 콧노래를 불러봅니다
황금 돼지, 복 돼지, 꽃 돼지
정해년 새해가 되니
갑년을 맞는 오래된 돼지도
허울 좋은 골동품 돼지가 되어
괜스리 어깨가 으슥해 지고
억세게 운 좋은 출생의 내력을 가진
귀한 돼지가 되었습니다

색소폰

비 오는 날은
기분이 늘어진다
어깨도 늘어지고
신호등 대기도 늘어지고
노래 소리도 엿가락으로 늘어져
무엇이든 궁상을 타고 치렁치렁하다
후두암 말기에서 구사일생 살아났다며
색소폰 모음곡 시디 한 장 쥐어 주던 늙다리 친구는
지금쯤 저도 잠긴 목 풀고 있을까
흐느끼는 색소폰 소리
순정을 가르는 가락의 아련함 있어
회한이 빗물로 흘러내릴 때
하염없는 사연도 흘러 보내시겠지

운명과 맞서본 사람 아니고는
이 애절함을 모를 거랬었지
비가 때리는 소리
음악이 반향하는 소리
차 속에 갇혀 볼륨을 올리면
목멘 금관악기 쉰 소리에
마음이 절로 아파
스로우 스로우 와이퍼로 가슴을 쓸며
섹소폰 소리를 듣는다

물같이 살아라

물같이 살아라
이것이 가장 좋은 방법이다

물은
온갖 것을 이롭게 해 주면서도
서로가 다투지 않는다.

사람들이 싫어하는
낮은 곳 일지라도
마다 않고 흘러가니
그리하여 물 같이 살아가는 것이
참 삶의 길이다

땅에 머물 때는
땅에 베풀고
마음을 연못처럼 깊이 가지고

남의 일에 간섭치 않으며
말없이 흘러가도
물에게는 말 보다 더한 믿음이 있다

물은
이치를 거슬러
만물을 다스리려 하지 않으며
능히
하지 못할 일도 없으며
때를 가린 흐름으로
남과 겨루는 일이 없으니
허물 또한 없다.

노자 『도덕경』 〈상선약수(上善若水)〉 에서

온달을 꿈꾸며

선장(船長)

나는 선장입니다
지도도 없이 출항한 이 배는
항해의 중반을 넘어
어느덧 닻을 내릴 곳을 살펴보아야 합니다
지도가 있었던들 목적지를
들여다 볼 여유도 없었고요
아직까지도 마지막 정박지가 어디 쯤 될런지는
도무지 느낌[感]이 잡히지 않습니다
늙은 조수가 된
내가 사랑하던 사람은
때로는 내 솜씨를 믿을 수 없다는 듯
간간이 조타기(操舵機)까지 빼앗아 쥐고는
휘둘러 보고 있습니다.
부실한 선장에게 보내는 옐로카드입니다
순항도 했었지만 오히려 맴돌 때도 많았으니
당연한 이치겠지요

이러다 선장의 자리가 위협을 받을지도 모릅니다
애꾸, 외팔이, 갈구리 손, 외발이
못된 선장 훅크의 모습 가지고는
위엄의 시효가 다 지나 버렸습니다
저마다 역할을 다했던 아이들이
하나 둘 하선을 하고 나니
이제는 조수와 선장만 댕그러니 남았습니다
아이들 모두는 각자의 생활이 있다고 하고
선장이 그동안 챙겨준 모든 것들을 쏟아버리고는
새것들로 가득 가득 채워 가고 있습니다
보는 방향도 선장의 방향과 도무지 같지도 않습니다
모든 것 다 버려도 괜찮았지만
하늘의 별자리마저 달리 해석할 때는 실망도 컷고요
그러나 모든 잘못은 선장에 있었기에
실망 보다는 얼른 이해를 서둘러야 했습니다
참 모습으로 모범을 보이지 못한

내 탓이라 생각하고, 선장은 겸허해 해야 합니다
모두가 선장 부덕의 소치이니까요
남은 소망은 해질 녘 오르는
저녁연기로 가물거릴 뿐이지만
쓰다 남은 믿음이 가까스로 나를 지탱할 뿐입니다

선장은 너무 큰 것을 놓쳤습니다
파고에 맞서 사투하며
발버둥으로 인생의 파고를 넘을 때
선장에게는 기도하는 모습이 없었습니다
뱃속 사람들은 신(神) 보다는 더 선장의 능력을 믿었기에
신앙은 한없이 얇아졌습니다
내가 혼자 북치고 장구를 칠 때
모두는 저마다 마음의 문을 닫아걸고
더욱 이기적으로 되었지요
결산해 보니 선장이 순풍에 돛을 달은 듯도 하나

그들은 선장의 위선을 배우고 자라났습니다
내가 세상일에 더 지혜로울수록
배[船] 속의 영혼은 더 많이 시들어 간다는 것을
선장은 알지 못했던 것입니다
모든 것이 내 잘못일 뿐입니다
그 후 선장의 남루한 영혼은
주일 미사 분심(忿心)속에 발견 되었으며
마지막 정박지로의 안전한 피신(避身)을
열심히 기도하고 있었습니다

님의 뜻

내 뜻대로 사는 것이 아니라
님의 뜻 따라 살아온 것임을
삶의 숱한 고비를 넘기고 나서야
느낄 수 있었습니다

내 뜻대로 모두 이룬 듯해도
님의 뜻 아니라면 나는 아무것도 아님을
기도가 깊어진 다음에야
알 수 있었습니다

존재의 의미

넘쳐 나고 싶은
당신의 욕망을 잠재우라
파도는 이 시간에도 밀려들지만
다만 출렁거리고 있을 뿐
바다는 파고(波高)를 기록하지 않는다
큰 인물들이
반드시 역사의 주인이 되는 것이 아니다
잔잔한 물결로 포구로 밀려와
자잘한 포말로 사라지듯
이 시간에도 수없이 지고 피는 민초의 이야기가
역사며 세월이다
꼭 방파제를 부수고
어선을 뒤엎는 해일(海溢)만이
그 존재의 의미가 아니듯
바다의 일상은
은빛이며 살랑거림이며 소곤거림이다

바다(Sea)는 오히려 여성(She)스러움이다
높게 겨냥하지 마라
큰 것만 꿈꾸며 매달리지 마라
쉴새 없이 하얀 거품을 내며 사라지는 것이
파도의 일상인 것처럼
삶 또한 그런 것이다
더 크게 더 높게 부딪치며
오래 오래 기억되는 힘의 원년(元年)을 꿈꾸지 마라
여성스런 잔잔함이 바다의 속성이듯
삶 또한
굵고 짧아야 할 이유가 없다
다만 섬세한 저 마다의 생활이 존재할 뿐이다

바보로 살기

바보로 살면
속 편하리라는 사람
바보 되어 보시지 그래
바보가 얼마나 살기 힘든지
바보라야
두둑히 챙겨주는 곳이 있다
보아도 못 본 척
들어도 못들은 척
눈만 껌뻑거리며 고난도 기술을 부린다
바보도 이력(履歷)이나면 정말 바보가 된다
빈 숟가락을 입에 물려 주고도
잘 한다고 칭찬 먹고
웃고 또 구르며 사는 일
그게 어디 쉬운 일인가
벙어리 삼룡이 역(役) 완전히 소화해내면
달포 후 출연료 나온다

이기죽거리며 바보 되어 그 돈 센다
이러다 영 바보가 되지나 않을까 걱정이다
땅 짚고 헤엄치기 같지만
바보로 살기란 것은
형편없는 바보가 아니라면
마른 때 벗기듯 힘든 것이다

행복이란

누이 좋고 매부 좋고
님도 보고 뽕도 따고
말도 사고 종도 두고
자수위에 꽃 까지 얹는다면

좋은 것 위에
더 좋으면
끝없이 좋을 것 같지만

욕심이 잉태하여 죄를 낳고
죄가 자라 죽음을 가져 옵니다

행복이란 늘
만족하는 사람만의 몫입니다.

인생은 길다

인생이 짧다지만
그렇게 짧은 것일까?
숫자 놀음 해 보면
참으로 길고 긴 것이다
'인생은 짧고 예술은 길다' 는
'인생도 길고,
예술은 더욱 길다' 로 고쳐야 한다
허무한 인생이란
백 년도 못 살아 그럴까?
두 자리 숫자가 주는 허무이겠지
100년을 못사는 인생이라지만
1,200 개월이나 사는 인생이라면?
36,500 일 짜리로 숫자가 방만해 지면?
이 얼마나 쇠털 같이 많은 나날인가
하루 24시간씩
인생은 876,000 시간?

무려 52,560,000분?
3,153,600,000 초
이 억수(億數) 같은 시간을 어찌 한담
짧아 허무하다던 인생이
31억 초짜리의 길고도 긴 여정(旅程)이 된다
모래 알 같은 수많은 시간
한 세상 짧음을 한탄하기 보다
쉴 새 없이 빠져 나가는
모래시계의
속성을 두려워 하자
간단히 셈만 해 보아도
인생이란 그렇게 짧은 것이 아닌데
허송하며
세월을 한탄하고 있지나 않는지?

서울 아파트

스무 층
다락같이 높은 곳에 까치집 틀어
스무 평
남짓 공간에 어질어질 뜬 구름 위에 살고 있지만
천만 다행이다
서울에 살면서
기어들고 기어나는 똥집 하나 있다니

높이에
넓이가 무슨 대수이랴
지친 나들이로 부터 돌아와
목 젖히고 위를 올려보는 재미
하늘 위
어디 메에 걸린 천상의 공간을
해 빠지면 승천(昇天)하듯
주르륵 오르며

신선으로 산다
스물다섯 명
가난한 이웃들이 분할 등기해
작은 땅뙈기에
모둠으로 뿌리박고 살고 있다
서울에는
구멍만한 집하나 있어도 부자라기에
안양천변 스무 평 댕그런 서민 아파트
떵떵거리며
내로라 산다

온달을 꿈꾸며

온달은
반달의 상대어로 만월(滿月)의
우리 말 표현입니다
온달은
모나지 않아 둥글며
한 달에 한 번씩 비웠다 다시 채워냅니다
온달은
어릴 때는 동경의 대상이었습니다
커서는 소원을 빌었습니다
풀리지 않는 세상살이의 답을 주는
신(god)이자 곧 해결사 였습니다
사연을 간직한 사람들의
하소연처였습니다
상처 받은 사람들의 위로였습니다
온달을
닮아가고 싶습니다

둥글게 살고 싶습니다
너그럽게 살고 싶습니다
베풀고 살고 싶습니다
누군가의 위로가 되고 싶습니다
내 삶의 모습이
저 달과 너무 동 떨어져 있기에
온달 마음 더욱 간절합니다
사람답게 살아야지 할 때
이렇게 사는 게 아닌데 할 때
비워냄 없는 욕심으로 가득 찰 때
마음이 모질어 질 때
떠 올리는
자기성찰(自己省察)입니다
온달을 그려 봅니다
온달은 어린것들의 유희(遊戲)요 동경(憧憬)이며
어른들의 위안(慰安)이요 신앙(信仰)이며

모든이의 희망(希望)이요, 이상(理想)입니다
온달을 꿈꾸며
온달로 살아가고 싶습니다
일편단심(一片丹心) 정(淨)한 마음
모든이의 가슴에
뜨고 지는 온달이고 싶습니다

애착

임종(臨終)이 이럴까
이어졌다 끊어지는 흐릿한 시계(視界)
가족의 눈길을 한번 잡아매 볼 겨를도 없이
혼자 내 밀리고 있었다
아련함이나 애틋함이나
내 의지와는 무관하게
무한 공간 속으로 빨려들고 있었다
여든이어도 일흔이어도 예순 고개를 갓 넘어도
모두가 이렇게 스르르 떠나게 되나 보다
무중력이 이럴까
저하나 무게도 실리지 않고
지구를 깃털처럼 가볍게 매달고
바람에 꽃 지듯
낙화로 떨어지다니

살아있어야 한다
살아있음을 확인할 필요가 있다
식은땀이 등 뒤에 솟았다
숨 고르기를 한참 하였다
얼른 불 밝히고 거울 앞에 서니
놀란 모습의 또 다른 한 녀석도
멍청히 내 쪽을 보며 씩 웃고 있었다
세상이 그렇게 쉽게 끝나는 게 아니지
홀로 안도하였다

시를 기다리며

잡목 (雜木)

나무가 죽었나 보다
수모가 심했으니

어린것의 멱살을 잡고
이것도 조경이냐고 마구 흔들었다
싸구려 수종이라
입살 센 사람들이 저주를 퍼 부었다

목말랐던 사계절
시원찮은 수목(樹木)이라
누구하나 보내주는 시선도 없어
성긴 잎 가는허리로 앞가림도 못해
맨살로 타다만 새끼손가락 줄기

봄은 오면 오라지
꽃은 피면 피라지
밖은 아카시아 향기가 어지러운데
아직도 혼수상태 겨울나무가 되어
모두는 죽었다고 혹,
살았다고

하마터면 잘려 나갈뻔 하였군
계절도 한참 늦은 4월에야
숯덩이 피부에
속잎 한 장 틔우며
부스스 인기척,
나 살아있어요
나 살았어요

산 사나이

산에서 만난다고
다 산 사나이가 아니다
산이 좋아 산에 오르던
노래속의 산 사나이가 그립다
오르는 사람에게 길을 비키고
내려오는 사람에게 인사를 건네는
상큼한 솔 내음을 지닌
예스런 사람들이 그립다
호올로 먼 산보며
호연지기(浩然之氣)를 즐기던 곳
찌든 행색이 버린 필터 같은
산 속을 쏘다니는 유령 같은 사내들로
왁자지껄 장터로 변하고 말았으니
산 사나이들이 정말 그립다
오르며 내리며 스쳤던 따뜻했던 사람들
'힘내요, 다 왔어요!

번연한 거짓말도 애교스러웠던
솔 향내 나는 사나이들
예전에 스쳤던 산 사나이 그들이 그립다

육이오

한국전쟁은
1950. 6. 25일부터
1953. 7. 27입니다
생사(生死)의 술래잡기였던 육이오는
아슴프레 옛일이어서
이제 시험 범위도 아니어서
몰라도 되는 e-편한 세상이 되었습니다.

어린 연사(演士)의
'상기하자 육이오' 연제(演題)도 없고
주먹밥 체험도 없고
'아아, 어찌 우리 이날을 잊으랴' 는 노래도
슬금슬금 사라져 버렸습니다
지극한 평안 속
나나무스쿠리의 자유의 노래를 들으며
망중한을 즐기고 있습니다
휴전(休戰)중에 있는 줄도 모르고 사니
e- 편한 세상이 되었습니다

굴참나무

서양 넘[者] 콧대처럼
키꼴이 훌쩍 잘 생겼다
설렁 설렁 부는 바람에
긴 꼬리로 잔가지를 흔들어 대니
목신(木神)의 오후가 심심하나 보다
떡하니 버티어선 모양새
희멀건 허우대
어느 정복자의 전승(戰勝)기념 식수일까?
의장병처럼 늘어 선 놈들이
일제히 몸을 떤다.
정복자의 간담을 서늘케 한
체로키(Cherokee) 인디언 이야기 일까?
남북전쟁 양키(Yankee) 이야기 일까?

시를 기다리며

마음이 싱거운 날은
몸이 더 허하다
잡기장에 몇 줄 글 긁적여 놓고
벌써 해가 빠진다

시의
첫 운율은 신이 내린다는데
종일토록 화두를 기다리다
끝내 말을 아끼고 말았다

내 영혼을 불사를
너를 향한 뜨거운 열정은
언제쯤 타 오를 것인가
용트림으로 솟구쳐 오를 것인가

맴돌다만 시상(詩想)
속알이로 만 머문 내면의 것들이
뜨거운 용암으로 흘러내리는 날엔
줄줄이 사연들을 흘러 내리고 싶건마는

시여
환상의 언어들이여
언어의 괴로움이여
미궁의 감정들이여
언제까지 내 입에 재갈을 물리고 있을 것인가

아침에 눈을 뜨며 너를 생각하고
잠자리에 들면서도
꿈속에서도
너를 만나며 산다는
어느 시인의 이야기가 너무 부럽다

연하장

이제나 저제나
매양 같은 해 뜨건만
해마다 '대망의 새해' 가 되고

베푼 것 하나 없어도
빈 인사치레
'그동안 베풀어 주심에 감사' 하고

쑤시고 저림은
나이 들면 피할 수 없는 것임에도
이곳에는 '평강과 건안하심의 축원' 이 넘쳐나고

열지 않아도 보나마나한
훤한 내용 몇 줄 오고가는 바람에
연말연시 북새통 집배원(集配員)만 바쁘다

현충일에

자유가 넘쳐
반전(反轉)과 역전(逆轉)
그리고 격돌(激突)로
복에 겨운 사람들의
분탕(焚蕩)질이 날마다 이어지고 있습니다
도무지 불안하고 안쓰럽습니다
겨우 반백년인데
좌우(左右)의 심판마저 애매해지고
무엇이 무엇인지 영 알 수 없는
혼돈(混頓)의 나날이 계속됩니다
그러니 분단(分斷) 때 보다
더 마음들이 어지럽습니다
메가폰을 들고
아우성을 치는 이와
귀를 막고 문을 걸어 닫는 이들 때문에
뜨겁지 않는 날이 없습니다

아무리 그렇기로 서니
현충일 오전 나절
사이렌은 길게 울고 있어도
누가 죽었는지
뉘 덕에 살았는지
내 상관 아닌 사람이 너무 많습니다

이른 아침에

새벽잠 깨어나 창 앞에 서니
성긴 별 하나 둘 아직도 있네
상기도 이른데 날 일러 세움은
세상일 지는 잎에 어지럽기 전
사는 이치 때때로 돌아보라고

뿌옇게 창 앞을 스치는 안개
오리무중 갈 길이 뵈지 않아도
냉기 섞어 한줌 바람 밀어다 놓고
인생은 쉽게쉽게 사는 거라며
떠날 일도 가끔씩 생각하라고

태양

세상의 모든 자녀들은
부모의 태양입니다
나에겐
태양이 셋이나 됩니다
날마다 가슴에 뜨고 지는
그리우면 가슴 아리는
아리다 때로는 저미는
보고 싶은 태양들이 있습니다
지난해 태양이 작은 태양을 낳고
막내 태양은 가슴에다 태양을 품었다하니
지지않을 태양의 나라가 되었습니다
이상한 이름을 만났습니다
정말 태양을 만났습니다
두 눈도, 웃는 웃음도 모두 동그라니
형색이 꼭 태양 같이 빛납니다
아무리 보아도 정말 태양입니다

성은 김이니 빛나는 황금 태양입니다
태양을 셋이나 두고도
태양을 태양으로 불러 보지 못한
태양을 속으로만 외쳤던 애비는
김태양의 아버지 김 아무개의 용기가 부러웠습니다
해같이 빛났던 아이들을
태양으로 이름 짓지 않아
예쁜 이름 남에게 빼앗긴 것 같은
소홀했던 아버지 마음 같아서
김 예쁜 태양을 볼 때마다
나도 나의 태양을 생각해 봅니다
가슴이 저미도록
내 태양들의 이름들을 불러봅니다

선인장

모진 놈
질긴 목숨이다
석 달이나 방을 비워도
물 한 모금 마시지 않고 살아남아
핼쓱한 얼굴로 반기다니

기약 없이 떠나
기별 안부 없이도
언젠가는 네 돌아올 곳임을 알기에
시계도 멈춰선
밀폐된 죽은 공간
홀로 목 뺀 기다림으로
자리를 지켰다

님 마음

내 마음이 아니더라도

천박떼기 삶인 줄 미리 알기에

미운 마음

가시로 솟아나도

파리한 얼굴로 반기고 본다

마지막 신발

게 바구니

게 바구니에는 뚜껑이 필요 없다고 한다.
게 들은 서로가 서로를 끌어 내리기 때문에
그냥 두어도 한 마리도 밖으로 나오기는 어렵다는 것이다.
사람살이가 언제나 그렇기 마련이지만
요즈음 우리가 사는 모습이
게 바구니에 담긴 게 같은 생각이 들어 씁쓸하기만 하다.
이 같은 풍토 속에서는 모든 눈높이는 하향 조절이 되어버려
너나 나나 별수 없는 존재가 되어
진흙탕에서 같이 뒹구는 속물이어야
우리네 마음이 편해지는 것이 아닐 런지.
특별히 존경하는 사람이 없도록 되어 가는
우리의 현실은 참 불행하기 짝이 없다.
어른들이야 그렇다손 치더라도
자라나는 세대들마저도 존경하는 인물이 없다면
언제까지 나라 밖의 위인들을 모셔다가
링컨이나 처칠, 케네디를 이야기 하며, 자라나야 하는가?

한국에는 훌륭한 사람이 나지 않는 나라일까?
더 잘 되라고 달리는 말에 채찍[走馬加鞭]하는
그런 기분으로 격려 해 주는 말들이라고 하지만,
결국 사람 헐뜯기가 아니고 무엇이랴.
비판은 건전한 비판이어야 한다.
인신공격으로 시작하여 상대를 매장하는
이러한 토양 속에서 어떻게 재목(材木)이 클 수 있을까?
누가 숨 크게 쉬며 고개를 들 수 있겠는가?
수틀리면 '저놈 잡아라!' 하고 뒤 쫓는 통에,
남들에게 돋보이지 않는 수준에서 억제부터 하여야 한다.
예를 들어서 알빈 토플러나 피터 트리거를 좋아한다면
별다른 저항 없이 수긍할 것이나
행여 국내의 이름 있는 학자를 우리가 석학(碩學)이라고 부르면,
그게 뭐 석학이냐고 일언지하에 부정부터 한다.
나는 불행스럽게도 도올 김용옥 선생의 강의를 무척 좋아한다.
그의 넓고 깊이 있는 지식과 거침없는 표현은

근래에 보기 드문 자유인의 모습이다.
고전에서 현대까지, 동양에서 서양까지,
의학에서 철학까지, 한문에서 영어까지
도올의 지식 영역은 마치 대 평원처럼 넓기도 하며,
때론 그 앎의 깊이에 있어서는 가뭄을 모르는 샘처럼
콸콸 쏟아져 내리기도 한다.
그러나 그런 자유인의 모습도, 그를 못 마땅하게 보는 사람은,
천하에 오만불손하기 짝이 없어 보이고,
똑 부러지게 아는 것도 없으면서
장소와 때를 구분 못하고
주책스럽게 떠들어 댄다고 폄하(貶下)를 한다.
코미디언의 성대묘사에 도올을 자주 들먹거려
석학도 웃기는 광대로 만들어 지고 있다.
그러나 도올은 제 갈 길이 바빠,
일일이 개인적인 시시비비에 응하지 않고,
그의 길을 가고 있어 더욱 의연해 보이고 존경스럽다.

얼마 전 그는 구약성경을 신약처럼
믿을 신앙으로 이해하는 것은 곤난하다고 강론한 바 있어
이런 저런 크리스챤 단체로부터 온갖 모욕을 감수해야만 했다.
도올의 이야기는 신성모독이 아니다.
성경은 이미 인류의 위대한 유산이며,
우리들의 살아가야할 길잡이를 하고 있다는 차원에서 생각해 본다면,
크리스챤이냐 아니냐를 떠나 철학자인 그분의 입장에서
구약성경의 의미를 살펴보는 것은
지극히 자연스러운 것이지 않았나 생각된다.
마치도 '악마의 시' 로 이스람을 폄하한 죄로
호메이니로부터 '종교적 사형선고' 를 받는
영국의 '샐 먼 루시디' 처럼 몰고 가서야 되겠는가?
도올의 이야기처럼 우리는 지금은
중세의 시대에 살고 있는 것이 아니다.
종교에 대한 토의 자체를 거부할 권리는 누구에게도 없다.
개인 자격으로 얼마든지 자기 생각을 개진할 수 있지 않겠는가.

학자는 학자 나름 데로
고뇌를 통해 더 좋은 이해로 더 좋은 결론을 가지고
우리를 이끌어 줄 수 도 있지 않을까?
학자를 보편화 된 논리와 획일 된 사고 속에 가두어
무엇을 얻겠다는 것일까?
한때는 우리의 건국신화인 단군을 배척하여
초등학교 교정에 세운 단군상(檀君像)을 모조리 처단하는
안타까운 해프닝도 있었지 않았는가.
인물 하나 뜬다는 소문만 들리면
가차 없이 달려가 댓글을 달고, 조롱하며
마구 비난의 돌을 던지는 우리들의 모습이 못내 안타깝다.
존경하고 존경받는 사회는 우리가 스스로 만들어야 한다.
어른이 없는 사회, 지도층이 없는 사회,
얼마나 비참한 현실이 될까?
전 · 현직 대통령마저도 취미삼아 조롱하고,
마을 개 이름 부르듯 그들의 이름을 부르며,

온갖 우스개로 만신창을 내는 세태는 우리를 슬프게 한다.
설혹 잘 못한 위정자들에게 내리는 민중의 심판이라 백번 이해하고 싶다가도
대상을 불문하고 도를 넘어 사람 죽이기에 혈안이 되어있는 것을 보면
그냥 보고 넘기기가 무척 안쓰럽다
아래로 남을 끌어 내리려는 못된 심성이 사라지지 않는 한
우리는 대 바구니의 게 신세를 못 면할 것이다.

소달구지 경영

터키의 어떤 고장에 가면
나귀를 거꾸로 타고 가는 한 노인의 그림이
이곳저곳 간판에 그려져 있다고 한다.
노인의 이름은 '호자' 이다.
'호자' 노인의 나귀 등 돌려 앉기는
길을 잘 알고 가는 나귀를 쓸데없이 간섭하는 것 보다는
오히려 나귀의 등에 거꾸로 돌아 앉아
지나온 길을 되돌아보는 것이
더 유익할 것이라는 생각 때문이라고 한다.

저희 아버지는 소달구지로 한 평생을 사셨다.
하루 중, 밤길 다섯 시간 낮길 다섯 시간
10시간 이상을 길에서 지내야 했던
노상인생(路上人生)을 사셨던 것이다.
밤길보다 낮 길이 더 힘드셨으니
퍼붓는 잠 때문이었으리라.

일단 나뭇짐을 거래 한 다음은
아버지는 소달구지에 걸터앉아 주무시고,
모든 임무는 소한테로 넘기셨던 것이다.
소는 반백리 길을 뚜벅뚜벅 걸어
제가 알아서 집으로 돌아오는 것이었다.
긴 세월에 아무 탈 없이 신작로(新作路) 인생을 사신
아버지와 그리고 동업자 역(役)이었던 소를
천운(天運)을 타고난 우인동체(牛人同體)라
지금도 생각 하고 있다.

너무나 익숙해 진 길을
공연히 간섭하여, 소도 사람도 같이 피곤한 상황을
만들어 가기 보다는
집 찾아 가기는 이제 동물이 더 이력이 나 있다고
생각하고 소에게 임무를 넘기신 것이다.
'호자' 노인의 나귀등 거꾸로 타기와

아버지의 소달구지 노상 취침은
시대와 장소만 다를 뿐 취지는 같은 것이리라.
아버지의 임무는
효과적인 짐 신기 이다.
요즘 말로하면 중량과 평형(Weight and Balance)이다.
뒤쪽으로 무게 중심을 너무 보내면

소가 편할 것 같아도
오르막일 경우 길마가 벗겨지는 사고가 날 수 있고
앞으로 무게 중심이 너무 기울면
과중한 무게가 걸려 내리막에는 소를 넘어지게 한다.
진정으로 소를 동업자로 이해하고 사랑하는 것은
무의식적으로 흔들어 대는 채찍이 아니라
꼭 아버지가 해야 할 일을 하시는 것이었으니
적절한 부하(負荷)를 거는
짐 신기 즉 Load master 역할이었던 것이다.
숙달된 길을 매일 같이 오가면서도

부질없는 간섭으로 불안 해 하며
소를 힘들게 하기 보다는
짐승이 알아서 우차(牛車)를 끌고 가도록 맡겨 주는 것
나는 이것을 아버지의 '소달구지 경영' 방법이라
이름 하여 보았다.
혹여 우리는
모든 일에 내가 아니면 안 된다는 생각에
소라도 할 수 있는 일 까지
내가 나서서 챙기고 있지나 않는지
한 번쯤 생각해 봄 직하지 않을까?

사내다운 남자는 싫다

나는 사내다운 남자를 싫어한다.
사내다운 농도가 강하면 강할수록 더욱 그들이 싫다.
스스로가 사내답지 못해서 콤플렉스에 걸려있거나,
아니면 딸 많은 집안에서 여자들 속에 묻혀 살다보니
자연적 사내의 속성(屬性)을 잃어버려서 인지 모르겠으나
아무튼 내게는 사내다운 남자는 눈에 차지 않는다.
선이 굵고 우락부락한 남자를
모두가 부러워하는데, 왜 그들을 못 마땅해 하며
심지어 사회적 공해라고 혐오하는가?
그 이유는 그들이 용감하고 늠름함 보다는
사내답다는 것의 의미를
무례를 서슴치 않아도 되는 것으로
착각하여 선량한 이웃에게 피해를 주기 때문이다.

사내다운 남자는 어지간한 일에는
눈도 깜짝하지 않아야 되는 것으로 착각하고 있다.

굳이 살펴 봐야할 일이라도 그냥 넘어가야하며
그릇이 크기 때문에 작은 것은 시시하고 쩨쩨하며
'그 까짓것 뭐 대충' 이 되어야 큰 인물인줄 안다.
따라서 사내다운 남자는
매사가 매끄럽지 못하고 다듬어진 맛이 없다.
선이 굵다는 것이 어디에서나 목소리가 굵어야 하는 것으로 알고
설치고, 분별이 없고 내 좋으면 그만이다.

다음은 무뚝뚝하다는 것을
무슨 큰 장점으로 착각하고 산다.
자기표현이 극히 한정적이어서
대개의 감정은 가슴에 묻어둔다.
사랑한다는 말도, 칭찬의 말도 눈으로만 해야 하기 때문에
입을 통해 감정을 나타내는 것을 쑥스럽게 여긴다.
유행가 가사에서처럼 사내 가슴은
까맣게 탄 숯덩이가 되어야 한다고 자위하고 산다.

의사소통도 제대로 하지 못하면서
사회생활이 제대로 될 것이며
사람 사이 인들 아기자기한 정을 나누며 살아갈 수 있을까?
이런 예는 어떨까?
남의 발을 밟아 놓고도 뻔뻔스럽다.
사내라서 자질한 말들은 아낀다.

이런 사내들의 무언의 무례가
다른 사람의 하루의 기분을 망치게 하고
얼마나 다른 이들을 불편하게 하는지를 모를 뿐 아니라
스스로 편한 세상 이라 믿고 있다.

또 사내다운 사람은 셈이 흐려서 싫다.
대게 사내다운 사람은 내건 내거고,
네 것 또한 내 것 되어야 한다고 믿고 있다.
상대가 자기 몫을 주장하면
그까짓 걸 가지고 따지려 든다고 하면서도,

정작 본인은 다른 이의 작은 하나마저도 넘겨다보는
수컷의 행태가 강하게 작용한다.
사내다운 사람은 지갑을 열 줄을 모른다.
왜냐하면 다른 사람이 내는 것은
소액의 계산이라 생각하고
후일 큰 계산 할 때 자기가 역할을 하겠다며
어느 모임에서나 입만 가지고 다닌다.

곧잘 야성미를 이야기 하나
야성미는 이웃을 혐오스럽게 한다.
본 뵈도 없고 배운 바도 없는 듯
이동하는 인간 장애물이 되고 있다.
술 한 잔만 들어가도 전봇대에 발 들고
스스로 동물 되기를 주저하지 않고,
장소에 구분 없이 훌렁 훌렁 잘도 벗어던지며
근육질을 내 보이고 싶어 한다.

이런 사내들은 동물 우리(cage)에나 가두어 공작처럼
제 잘난 맛을 뽐내면서 살도록 해야 한다.
사내답다는 사람들은
언제나 위협적이면서 자기를 뽐내거나,
무력시위나 하려들어 사회를 불편하게 하는 무리들이다.

때론 성질이 급하여 물불을 못 가리거나,
단도직입적(單刀直入的) 이다.
따라서 내 성미만 불[火]이라 생각하고 남은 물이라 생각한다.
이들은 일단 저질러 놓고 본다.
신중하면 남자가 무얼 망설이냐고 핀잔이고
소심한 사람이 어물쩡거리는 것으로 안다.
세상에 할 말 다하고 성 낼 것 다 내고 사는 사람이 어디 있으랴.
성질이 불같다는 것은 언제나 다른 사람을 희생양으로 해서
자기 스트레스를 풀고 있는
함량 미달의 불량품 사내로 보아야 할 것이다.

사내는 선(線이) 굵거나, 통이 크다고 사내다운 것이 아니다.
얼마나 많은 사람들이 그 꼴진 선과 통에
피해를 입어야 하는가
성질이 우락부락하다고, 아니면 근육질이 넘쳐나서
사내다운 것도 아니다.
그들의 뒤에는 항상 무례가 따라다녀
눈살을 찌푸려야 하니까.
진정한 사내라면
매사에 있어 경우가 밝고, 상황에 적합한 행동을 하겨,
자기를 희생 할 줄도 아는 신사도를 가진 그런 사람이어야 한다.
무작정 또는 무신경의 사내들이 선망의 대상이 되거나,
환영받는 그릇된 사내들의 전성기는
더 이상 없어야 한다.
그래서 나는 사내답다는 미명하에 날로 뻔뻔스러워 지는
해괴한 사내들의 행동을 성토하는 것이다.

공자 가라사대

어떻게 살아가야 할 것인가?
사람이 가야할 방도(方道)와 사리(事理)는 무엇인가.
삶은 너무나 다양하고 천차만별(千差萬別) 한 것 이어서
조항과 세목으로 조목조목 내 세우기는
애시 당초부터 어려운 것이지만
그 기본에 있어서는 크게 다를 바 없을 것이다
옛 현인들은 군자의 기저(基底)에 있어야 할
공통분모를 찾기 위해 골몰하였다.
한자 문명권에서 살고 있는 우리로서야
어찌 공자를 빼고서야 이야기 되랴
공자는 군자(君子)의 나갈 길을
물처럼 산처럼 살라고 한다.
이것이 요산요수(樂山樂水)이다.
지자요수(知者樂水), 인자요산(仁者樂山)을
줄여 표현한 것이다

지자요수(知者樂水)란
지혜로운 자는 물을 좋아한다는 뜻이니
그의 제자 자공(子貢)과의 대화에 나오는 내용이다.
제자 자공(子貢)이
'군자가 강물을 보면 깊은
사색에 잠기는 이유는 무엇입니까' 하고 묻자
스승이 말하기를

'물은 군자의 인품 같은 것이다
두루 베풀되 사사로움이 없는 것이
군자의 덕(德)과 같고
이르는 곳 마다 생명을 살리는 어짐은
군자의 인(仁)과 같다
스스로 낮은 곳으로 흘러가며
굽이쳐 돌아가는 것이 순리를 따라 가니
군자의 의(義)와 같고

얕은 곳은 흘러가고
깊은 곳은 헤아릴 수 없으니
군자의 지(智)와 같다
백길 낭떠러지 깊은 골짜기도 두려워하지 않으니
군자의 용(勇)과 같으며
가늘고 약한 듯하면서도
작은 것 하나까지 모두 통달하니
군자의 찰(察)과 같다
이익을 위해 나쁜 것을 좇지 아니하니
곧고 굳은 지조(志操)는
군자의 정(貞)과 같고
혼탁한 물도 포용하여 깨끗한 물로 거르니
사람을 바른길로 이끄는
군자의 선화(善化)와 같다
크고 작은 웅덩이를 만나더라도
골고루 다 채우고 흐르니

그 법도가 군자의 정(正)과 같고
그릇에 부으면 평미래로 밀지 않아도
틀림없이 그 양이 같으니
군자의 도(度)와 같다
만 갈래로 굽이쳐 동쪽으로 흘러 바다에 이르니
어떠한 어려움이 있어도
본뜻을 이루는 군자의 의지(意志)와 같다'
고 하였다.

이어 자공은 스승에게
인자요산(仁者樂山)에 대해
'어진이는 어찌 하여 산을 좋아합니까' 라고 물음을 한다
스승은
'산이 높으면 면면이 이어져
만민이 우러러 본다.
풀과 나무가 생장하고

백성들과 만물이 존재하며
나는 새들이 모여 둥지를 틀고
달리는 짐승들이 깃들여 쉬고 그곳에 산다.
보배로운 것들을 심고 가꾸며
훌륭한 지아비들이 살고 있고
온갖 만물을 기르면서도
산은 싫어하지 않는다.
사방에서 모두 취(取)해도 제한하지 않으며
구름과 바람을 내어
천지사이의 기운을 소통시켜
나라를 이루니
이것이 어진이가 산을 좋아하는 이유이다.'

물 같이 흘러내리며
길이 있으면 길을 따라가고
길이 없으면 길을 만들며 가고

다락같이 높은 목표로 부대끼지 보다는 무리하지 않고
세상 모든 것들을 다 수용해 가며
지위의 높고 낮음에 연연하지 않고
물 채우듯 정을 채워주며
지상의 모든 것들과 더불어 살아가는 지혜가
물처럼 사는 길이다
산은 말없이 서있어
그 수명이 오래하고 한곳에 머물며
변덕 없이 중후하고 누구에게나 믿음을 주고
변하지 않아 안정된 모습을 보여준다.

지혜로운 자는 물을 좋아하고, 어진 자는 산을 좋아한다.
지혜로운 자는 움직이고, 어진 자는 고요하다.
지혜로운 자는 즐기고, 어진 자는 오래 산다.

『논어(論語)』〈옹야편(翁也篇)〉

마지막 신발

공원 이곳저곳에서 거동이 불편한 분들이
열심히 걸음마 연습을 하고 있다.
가만히 보니 이 분들은 한 결 같이 좋은 신발을 신고 있다.
성할 때는 몰랐는데 몸이 불편하고 보니 걸어 다니는 것도
하나의 축복이더라는 생각이 들어서
발에다 특별히 값진 대접을 해 주는 것이리라.
아니면
내가 걸어 다닐 날이 얼마나 될 까?
걸어 갈 길이 얼마나 멀까?
운동화가 다 닳아도 좋으니 제대로 걸었으면 좋겠다는
생각이 간절해서 그런 마음의 표현을 담아
좋은 신발을 신었을 수도 있지 않을까.
사람마다, 활동량에 따라 다르겠지만
신발 한 켤레로 보통 3년을 지낸다.
그렇게 오래 신을 수 있나 생각하겠지만,
이보다 훨씬 더 오래 신고 다니는 사람이 더 많다.

길게는 5년이며 노인들일 경우 10년 일수도 있지 않을까?
아마도 이 한 켤레가
본인의 마지막 발 치장이 될 수 있다고 생각하면
그깟 신발 한 켤레가 무슨 큰 사치가 되랴.
요즘 젊은이들은 차를 신발에 많이 비유한다.
그래서 발도 없이 어떻게 가느냐고 묻는 다면
얼른 차편을 어떻게 할 것이냐는 것으로 알아듣는다.
동네 주차장에 누가 벗어놓은 신발인지 몰라도
항상 비까번쩍하게 광택을 유지하면서
벗어놓은 신발[車] 하나가 있다.
우연히 마주치고 보니 이웃 노인네의 승용차다.
이 승용차는 노인이 제일 아끼는 소중한 노리개이기도 하고,
때론 희망의 적토마(赤兎馬)가 되기도 하여
이 노인은 차를 닦으며 마냥 달리는 꿈을 꾼다.
나는 차를 오래 타는 축에 든다.
지금 것은 구입한지 벌써 10년이 되었으니

곧 차를 바꿀 때가 되었다.
어떤 차를 사야하나?
이제는 좀 안전성이 있고 제반 장비가 잘 갖추어진 것을
구입해야겠다고 마음을 먹는다.
후진 할 때는 고개가 잘 돌아가지 않을 테니
뒤쪽 상황을 쉽게 볼 수 있어야 할 것이고,
길눈이 점점 어두워 질 테니 항법장비는 기본이고,
위급상황에 급히 대처하는 능력도 줄어들 테니
브레이크 시스템도 자동화 된 것이라야 할 것이다.
이것저것 사양을 주워 모으다 보니
차가 점점 고급스럽고 가격이 높아져 버린다.
이제 몇 번 더 차를 살 수 있을까?
지금 구입하면 향후 십년은 더 타야 할 터인데
이런, 이번이 마지막 차량 구입이지 않겠는가.
내 몸을 한번 대접해 주고 싶어진다.
아쉬운 마음이 강하게 작용하여

그만 분에 넘치는 호사(豪奢)를 기획하는 것이다.
공원에 노인네들이 신고 있는
값비싼 운동화 생각이 났다.
또 이웃 영감님의 적토마 모습도 떠오른다.
차나 닦으며 여생을 보내지나 않을 런지
모를 일이라 생각하니 새 차를 산다는 것은
마지막 신발을 신을 것 같은 느낌이 들어
마냥 기분이 좋은 것만은 아니었다.

불쏘시개

나이 들면 사람살이가 마치도
가물거리는 모닥불 같아서 작은 불쏘시개라도
얹어 놓아야 화기(和氣)가 살아나는 법이다.
경제활동이 없는 나이에 서로는 서로에게
절박한 존재가 되지를 못한다.
은연중에 있을 법한 이해관계조차도 한 점 없어
상호 의존도는 더욱 희박해 진다.
이런 시기가 되면 친구들 관계도 모호해져
누군가가 먼저 불쏘시개를 얹어 주지 않으면
결국은 서로가 멀어져 버린다.
진실로 외로워지는 것은 남들로부터
잊혀 져 가는 때라고 한다.
왕성하던 사회 활동을 접고 퇴직생활을 하노라면
제일먼저 부닥치게 되는 것이
모든 것이 옛날 같지 않다는 것이다.
이중에서도 가장 서운한 것이 남들로부터

자기 존재가 잊혀져가는 것이다.
이미 무대에서 내려온 사람에게
누가 먼저 다가와 옛날 같은 살가운 인사 하겠는가?
이런 때는 말 할 필요도 없이
내가 먼저 불쏘시개로 슬쩍 슬쩍 옆 사람들을 집적거려
사람사이에 훈기(熏氣)를 되살리는 지혜가 필요한 것이다.
목적 없이 전화로 안부를 묻거나
아니면 흔한 e- 메일이라도 보냄으로써,
잔기침 소리로 인기척을 내고
상대에게 불쏘시개를 지펴 올려야
사람사이의 온기(溫氣)는 되살아난다.
화분에 물을 주듯 공을 들이지 않으면
세상도 나를 위해 관심을 보이지도,
귀 기울이지 않는다.
지난 몇 달 동안은 주위가 너무 조용했다.
몇몇 친구들에게 e-메일을 보냈다.

잠잠했던 메일 박스가 이내 친구들의 이야기로 넘쳐났다.
내가 지핀 불쏘시개 e-메일 덕분이다.
그 중에는 친구들의 무거운 소식도 있었다.
공무원으로 퇴직한 한 친구가 항암치료를 받고 있단다.
아마도 오랫동안 공직생활을 통해 쌓였던 스트레스가
암으로 번져 지지 않았나 생각된다.
이제 쉼 좀 쉬는 가 했는데 이런 복병을 만나다니…,
남의 일이 아니다.
올해가 회갑 년이라고 자축하던 때가 엊그제 같은데,
우리들의 건강은 60고개를 기점으로
하향 곡선을 그리나 보다.
조용해서 한번 지펴 보았던 불쏘시개가
친구들의 이야기로 넘쳐났고
사람 사는 맛이 났다.

삼계탕

모습이나 행동거지가
본인의 형상과는 어울리지 않는 행태를 두고
촌스럽다고 말한다.
내가 촌스러운 것은 당연하다.
나는 산골에서 자란 시골뜨기이기 때문이다.
남들이 아무리 촌스럽다고 해도 그것을 버리기 어려운 것은
나름대로 가지고 있는 믿음과 습관 때문이리라.
현대 과학 문명이 발달한 지금에 있어서까지
도무지 근거도 없이 확실하게 믿고 주장하는
촌스런 것들이 나름대로 여럿 있다.
그중에 하나가 삼계탕 처방이다.
우리식이면 삼계탕이 될 터이고,
서양식이라면 치킨 수프가 되지 않을까?
요즈음 이 촌스런 고집에
서양의 실제적인 이야기 까지 더 보태져서
더욱 마음을 완고히 해주고 있으니

얼마 전 베스트셀러가 된 바 있는 잭캔필드의
'영혼을 위한 닭고기 수프(Chicken soup for the soul)' 라는
책의 서두에 이런 문장이 있었다.
미국에서 예로부터 전해 오는 민간요법의 하나로
몸살감기가 걸렸을 때 할머니나 엄마가 끓여주는 전통음식인
닭고기 수프로 몸살감기를 치료했기 때문에
책의 제목을 그렇게 붙였다고 했다.

촌스럽지만 나의 삼계탕에 대한 믿음은 대단하다.
이럴 때는 과신이란 표현이 더 어울릴 것이다.
사람이 무엇인가에 기대고 믿는 구석이 있으면 대담해 진다.
국내 대소의 마라톤 경기가 있는 곳이면
아직도 취미생활로 참가하고 있으니,
야윈 체구에 이런 오만한 도전은
무엔가 든든한 믿는 구석이 있기 때문이다.
백 오리의 긴 여정은 일부러 사서하는 고행길이다.

35킬로의 후반부를 지나면 힘이 없으면
스스로의 발에 넘어질 만큼 몸은 지쳐있다.
혼신의 힘을 다해 42킬로를 다 마치면 솜처럼 몸이 늘어지고
다시는 못 일어날 정도로 에너지를 소진한다.
그러나 나는 동의보감에도 없고
대장금도 몰랐던 한 비법을 가지고 있으니
그것은 삼계탕이라는 묘약이다.
경기가 있는 날은 언제나 저녁 메뉴는 삼계탕이다.
이 상비약만 준비되어 있으면 피로회복은 시간문제이다.
왜냐하면 촌스런 선수가 믿고 있고[過信],
촌스런 메니저(나의 아내)가 처방해 주는,
그야 말로 '달이는 자의 정성과 환자의 먹는 정성' 이
다 같이 극진하기 때문이다.
화학적 반응도 모를뿐더러 더욱이나 학술적인 버경도 모른다.
아마도 이런 저런 논리적 배경이 있다고 설명한다면
더 더욱 촌스러워 질 것이다.

그러나 이러한 것에 논리란 큰 문제가 아니다.
이유는 하나다.
촌스럽게도 꼭 믿고 먹어 주기 때문이다.
나는 어릴 때 이런 말을 늘 듣고 자라났다.
옛날 어른들의 말에 '하루 보신(補身)을 하려면 닭고기를 먹고,
삼일 보신을 하려면 돼지고기를 먹고,
한 달 보신을 하려면 쇠고기를 먹어라' 했다.
촌사람들이 돼지 잡거나 소 잡는 일은 흔치 않다.
길사 흉사를 치를 때면 모를 일이지만
몸보신을 위해 이 큰 짐승을 처리한다는 것은 있을 법이나 한가?
그러나 마당에 벌(?)로 키운 닭이야말로
가장 손쉬운 영양 보충거리가 아닐까?
주인장 몸이 허 하다던가 아니면 사돈만한 손님이 오셔도
내 놓을 수 있는 것이 닭이 아니던가.
그동안 지속된 각종 몸 쓰는 행사,
즉 등산이나, 운동경기, 철야작업등으로 지친 몸은

삼계탕으로 풀어 풀리지 않는 적이 단 한 번도 없었기 때문이다.
이만하면 시골사람 믿음이라지만 얼마나 든든한 빽 인가.
마라톤을 완주하고도
다음날 거뜬히 일어서는 숨겨 논 비장의 무기는
하루의 보신인 삼계탕에 있고,
그 속에 아내의 정성만 더해진다면
피로야 가라! 무서울 것이 없어진다.

따르는 마음

일본인들의 문화를 깃발 문화라고 한다.
여행지에서 만나는 비슷비슷한 동양인 관광객 중에서
쉽게 일본인들을 가려내는 방법은 무리 중에
깃발 든 사람이 있는 가를 보고 판단하면 틀림없다.
왁자지껄 북새통 속에서 일행을 인솔하는 방법이
깃발만큼 손쉬운 것이 어디 있으랴.
지금까지는 조직을 이끄는 원동력으로
리더(Leader)를 가장 먼저 생각했고
출중(出衆)한 리더 하나만 있으면
모든 일이 다 이뤄지는 것으로 알았다.
아무리 쉽다고 해도 깃발의 효용(效用)은
일행의 모든 시선이 깃발에 모아질 때라야 가능한 일이다.
따르는 사람(Follow)으로서의
구성원들이 있어야 깃발수의 역할이 살아나는 법이다.

집단에서의 역할은 리더 못지않게

따르는 사람의 역할이 크다.

리더는 한사람이지만

리더를 제외하고는 모두 구성원들이기 때문이다.

조직에는 언제나 리더 보다 Follow가 더 많다.

Leader의 영향력은 Follow에게 제대로 전달되거나

Follow가 받아 들였을 때 유효하다.

회사의 경우에는 사장이 Leader 라면

직원들이 곧 Follow가 되지 아닐까?

직원(職員)들은 리더와의 관계에서

동업자(同業者) 내지는 협력자(coordinator), 따르는 자(Follower),

섬기는자(server) 이중에 어느 하나가 되어도 무방하겠다.

그러나 분명한 것은 이것이 곧

일방적인 추종(追從) 내지는 복종(服從)을 강조하는 것이 아니라

리더십과 관련된 상호 작용으로 본다.

Follow의 마음은,

곧 따르는 마음 'Follow ship' 이라고 부른다.

‘따르는 마음’ 훌륭한 리더도 중요하지만
리더십(Leadership) 보다 먼저 배워야 할 것은 Follow ship 이다.
올바른 ‘섬김’ 을 배우지 못한 사람이
많은 사람을 바로 섬길 수 없다.
곧 바른 리더로 자랄 수 없다.
우리 모두는 Leader로 일하는 시간보다는
Follow 로 일하는 시간이 더 많기 때문이다.
‘오른쪽’ 라는 말이 ‘왼쪽’ 이라는 말없이는 아무 의미도 없듯이
leadership 이라는 말은 Follow ship 이라는 말이 없으면
아무 의미가 없다.
거느리는 자와 따르는 자
Leader와 Follow는 존재와 의미가
서로가 서로를 필요로 하고 있어
떼어 놓고는 생각할 수 없다.

저승사자를 만나다

저승사자를 만나다

멀리서 보이는 도인의 뒷모습은 한 방향을 응시한 채로 고정 되어 있었다. 백 미터가 넘는 거리에다, 뒷모습만 드러내 보이고 있어 남녀 성별조차도 분간이 쉽지 않다. 길게 늘어뜨린 머리며 하얀 소복(素服)으로 보아 산장의 여인 같기도 하고, 고쳐 보니 장발한 사내가 하얀 장삼을 입은 것으로 보이기도 하고. 분명한 것은 어느 쪽이든 밝은 분위기는 아니었다. 심야(深夜)가 아니어도 깊은 산중, 인적이 드문 절간에서 갑자기 접하는 모습으로는 섬뜩했다. 등산로에 죽어 팽개친 뱀 한 마리에 기분을 망친 뒤끝 이어서 그런지 의도적으로 눈길을 다른 곳으로 얼른 돌리긴 했지만, 순간에 각인(刻印)된 기인(奇人)의 모습은 그럴수록 묘한 힘으로 나를 끌어당기고 있어 시종일관 마음을 자유스럽지 못하게 하고 있었다. 사찰은 그리 넓지 않아 둘러보는 시간은 그리 길지 않았으나, 절 구경은 하는 둥 마는 둥 내 마음이 송두리채 그에 의해 휘둘리고 있었다.

모든 사찰이 저자 거리나 다름없어 어느 곳에 가더라도 번잡하기 짝이 없으나 이곳은 아직 사람들의 발길이 뜸해 입장료조차도 없으니 청정 무공해 지역이라, 조만간 개발이 되기 전 서둘러 한번 가보라는 권유가 있었다. 특히 절에는 동해 용왕의 아들이 앉았었다는 돌 의자가 있으니 꼭 그 자리에 앉아 풍경을 조망(眺望) 해 보라는 귀띔도 해주었다. 따라서 마지막 순서는 당연히 그 돌 의자를 찾아 앉아 보는 것이었다. 직감적으로나 행색(行色)으로 보나 쉽사리 도인이 앉은 자리가 바로 그 돌 의자가 아닌가 생각되었고, 그가 그렇게 오래 동안 자리하고 있는 것만 봐도 의심할 여지가 없었다. 나는 용기를 내어 거의 가까운 거리에 까지 접근은 하였지만, 말을 건네기는 커녕 숫기 많은 소년처럼 얼어붙었고, 도망치듯 그의 곁을 빠져 나왔다. 다만 소복한 산장의 여인이 아니라, 하얀 장삼의 사내라는 것만 가까이서 확인할 수 있었다. 지척의 거리에 까지 접근을 해 보아도 눈도 까딱 않고 틀에 박혀 앞에만 시선을 고정한 모습은 내게는 공포며, 위협이며, 불길한 미스테리였던 것이다.

나는 사찰 안내표지에 언급된 돌너덜을 살펴보며 그 돌들의 유래를 더듬고 있었다. 돌마다 각기 다른 종소리를 내기 때문에 종석(鐘石)이라 한다기에 작은 돌로 바위를 통통 두드리며 그 소리를 확인하면서도 순간순간 고개를 들고서는 그 도인의 행적을 주시 하곤 하였다. 드디어 때가 왔다. 그자가 자리에 일어선 것이다. 그렇다면 얼른 달려가 자리를 차지해야지. 그런데 그 도인이 내 쪽으로 오고 있는 것이 아닌가. 나는 이미 그 돌 의자 쪽으로 가고 있는데 말이다. 공교롭게도 서로는 마주치게 되어있으니 참으로 입장이 고약하다. 그가 내게 무슨 할 말이라도 있는 것일까? 오래 동안 그의 주위를 맴돌며 힐끗 거린 죄로 참선에 분심이 들도록 한 여죄를 따질지도 모른다. 그러나 우려와
는
달리 그와 나는 가까스로 비껴 스쳐 지났고, 얼굴을 바로하지는 못했지만 공포분위기는 면하였다. 드디어 나에게도 돌 의자에 앉을 수 있는 기회가 온 것이다. 마치도 등받이가 있는 소파 같은 모습이었다. 허지만 앉는 순간 그 도인의 온기는 그때까지 돌 의자에 배어있었고 그래서 개운하지 못한 느낌이 아래로 부터 스멀스멀 내 몸에 스며드는 것 같았다. 나는 얼른 자리에서 일어나 버렸다. 이상한 분위기가 계속 나를 따라 다니는 듯 했다. 별것도 아닌 것에 별 다른 의미를 두다니. 얼른 하산해야지. 그리고 찝찝한 분위기를 떨쳐야지.

사찰 문을 나오는 시간은 얼마 걸리지 않았다. 넉넉잡아도 5분도 되지 않았다. 입구에는 조생종 코스모스 몇 포기가 가까스로 인색한 가을 분위기를 연출하고 있었다. 검은 페인트로 아무렇게나 쓴 사찰 입간판을 뒤로 하고 걸어 나오는 순간, 하얀 소나타 승용차 한대가 소리

없이 내 뒤에 서는 것이 아닌가. 그리고는 비껴서는 나를 향해 하얀 장삼의 도인은 창문을 내리고는 같이 타지 않겠냐고 묻는 것이다. 그는 입가에 묘한 웃음을 건네고 있었다. 그 웃음의 의미가 무엇이었을까? 불현듯 나는 저승사자를 연상했다. 드라마 속에서는 항상 검은 옷에 검은 갓을 쓰고 음흉하게 웃는 모습이라지만, 흰 승용차 까지 동원하여 흰 옷을 입고 나를 속이려 하다니. 순간 나는

'아닙니다. 저는 등산 중에 있거든요' .

그러자 그는 한 번 더 권해 왔다. 나는 단호했다.

'같이 가고 싶지 않아요.' 라고.

그가 저승사자인지, 도인인지, 아니면 싸구려 역술인인지 나는 아는 바 없다. 그러나 그가 띄운 섬뜩한 마지막 분위기는, 영락없는 저승사자였다. 그는 나를 태우고는 벼랑을 굴러 날개를 달고 한 없이 저승으로 달려 갈 것만 같았기에 지금 생각해도 모골(毛骨)이 송연(悚然)하다.

다름과 틀림

'다르다' 는 것은 같지 않다는 뜻인 반면에
'틀린다' 는 것은 옳고 그르다는 개념입니다.
고로 틀리는 것은 선(善)에 대비된 악(惡)의 개념이기도 하고
진위(眞僞)의 개념이기도 합니다.
뜻이 남과 북 만큼이나 다름에도 불구하고
우리는 자주 혼용하고 있습니다.
'틀림' 을 알기란 여간 어려운 일이 아닙니다.
따라서 '다름' 을 먼저 살펴보고,
'틀림' 을 유추해 보도록 하겠습니다.

살색은 무엇입니까?
모든 사람이 주황색을 살색이라고 합니다.
그것은 우리가 동양인이기 때문입니다.

그러나 아프리카 어린이들이 생각하는 살색은
검은 색이라는 것을 생각해 본 적이 있습니까?
이때 주황색이라는 색깔은 살색이 맞고,
검은색은 살색이 아닐 수 있겠습니까?
생각하는 방향은 각자 자기 나름 대로여서
무한히 자유스럽습니다.

'사공이 많으면 배가 산으로 간다.' 고 했습니다.
극소수의 사람이지만 그들은
'사공들도 많이 달려들면, 물에 다니는 배도 산으로 가져 갈수 있다'
즉 불가능한 일이란 없다 고 주장합니다.
그러나 우리가 평소에 배운 바로는
'서로 다른 의견들로 옥신각신 하다보면,
정해진 목적지로 도착할 수 없다' 의 뜻이지요
'분열은 일을 망친다' 입니다. 짧은 문장을 놓고도
한쪽은 협동의 의미로,
다른 한 쪽은 분열의 의미로 해석합니다.
이해의 폭이 이렇게 많이 차이가 나는데
어느 것이 옳고, 어느 것이 틀린다 할 수 있겠습니까?
단지 생각의 다름 일 뿐이지요.

세상에 존재하는 모든 것은 모두 다릅니다.
창조주는 저마다의 모습으로 세상을 창조해 주셨기 때문에
같은 것이라고는 있을 수 없겠지요.
바닷가의 모래알이 그렇게 많아도 같은 모래가 있을 수 없으며,
65억의 세계인구 중에 같은 사람은 없으며,
일란성 쌍둥이라도 똑 같은 것 같지만 다 다릅니다.
표현에 있어서도 프랑스의 소설가 플로베르는
일물일어설(一物一語說)이란 것을 주장했습니다.
사물은 오직 하나의 이름이 존재하니
비슷비슷한 표현을 주어다가
어설픈 글을 쓰지 말라는 것을 강조를 했겠지요.
흔히들 '아' 다르고 '어' 다르다는 말을
플로베르를 인용해 고급스럽게 한번 짚어 보았습니다.

기준의 잣대는 항상 나에게 있습니다.
어머니가 밥을 할 때 언제 밥을 많이 하고
언제 밥을 적게 하는 줄 아십니까?
어머니가 배가 고픈 날은 밥을 많이 하게 되고,
배가 부른 날은 밥을 적게 한답니다.
모든 것이 자기중심이기 때문입니다.

이런 이야기도 있네요.
우화(寓話)이긴 합니다만
소와 호랑이가 결혼을 하여
서로가 서로를 지극 정성으로 섬깁니다.
소는 좋은 풀을 볼 때 마다
호랑이에게 제일 먼저 좋은 풀을 가져다줍니다.
호랑이는 좋은 사냥감을 잡을 때 마다
제일 먼저 소에게 가져다줍니다.
그러나 일 년이 채 되기도 전에
두 동물의 결혼은 파경에 이릅니다.
소는 호랑이가 주는 고기를 먹지 못하겠다고 하고
호랑이는 소가 주는 풀을 싫다고 합니다.
서로가 서로를 다르다는 것을 생각 하지 못하고
자기 방식대로만 상대에게 사랑을 표현해온
결과가 이 지경이 되었답니다.
우리가 사는 세상이 모두가 다르다는 것은 축복입니다.
같은 남자만 모여 산다면 얼마나 메마를 것이며,
여자들만 웅성대고 살아가는 세상이라면
지옥이 따로 있겠습니까.
저마다 달라서 길기도 하고 짧기도 하고,

울긋하기도 하고 불긋하기도 하여,
다르게 그 속성들을 둠으로써
천국을 우리 가까이에 만들어 주었습니다.
서로 다르다는 것은
우리가 받은 축복임에 틀림없습니다.
다르다는 것,
혹은 생각이 달라서, 피부 색깔이 달라서,
뜻을 달리 한다고 해서, 혹은 내 기준에 차지 않는다고 해서,
내 방식대로 모든 일에 내 기준의 재[尺]를 들이대고
남을 비판하지 말아야겠습니다.
다르다는 것은 죄가 아닙니다.
옳고 그름의 선악의 개념이 있는 '틀림' 이 죄악입니다.
'틀림' 은 지혜의 눈에서나 보여 질 일이며,
하느님이나 가능한 일 일지 모르겠습니다.
'틀림' 이라기보다는 서로 '다름' 의 차이 인데,
왜 우리는 이 것 때문에 서로가 속상해 해야 하나요.
성경말씀으로 글을 매듭합니다.
'남을 비판하지 마라, 그러면 너도 비판을 받지 않을 것이다'
(마태 7. 1, 루가 6. 37)의 말씀입니다.

인간적인 것이 좋다

"너무 완벽하려 들지 마라. 너무 완벽하면 인간미가 없어지고, 주위 사람들을 피곤하게 한다." 이런 말 한번쯤 들어보지 않는 사람은 없으리라. 특히나 가정에서 완벽하려 애쓰는 부부는 자녀들을 피곤하게 만들며, 때론 사무적이어서 이웃마저도 제대로 어울리지 못할 때가 많다. 우리의 일상이란 힘만 넣으면 모든 것이 풀릴 것 같아도 오히려 그 반대다. 물론 너무 무량(無量)없이 살라는 권유는 아니지만, 그래도 완벽과 후자 중 하나를 택하라면 오히려 인간적인 냄새가 있는 뒤쪽을 택해야 되지 않을까. 알고도 모른 척 때로는 속아 주는 멋이 있어야 주위 사람들도 살아갈 맛이 나지 않을까. 그렇게 하기 위해서는 때론 인위적으로 라도 보여주는 허(虛)가 필요하며, 그 빈틈을 통해 다른 사람들이 나의 문을 두드려 올 수 있지 않을까 생각 해 본다.

멋을 내기 위해 일부러 은근 슬쩍 흠을 낸다고 한다. 이란(Iran) 사람들은 양탄자를 짤 때 그 수려한 문양과는 어울리지 않게 마무리 작업에서 한 올 쯤 더하는 흠을 일부러 만들어 낸다고 한다. 소위 '페르시아의 흠' 에 관한 이야기다. 난초를 그릴 때 모두를 올려 빼다가도 한 두 잎을 일부러 꺾어 내려 완전 보다는 갑작스런 파격을 통해 멋을 부리기도 한다. 이러한 모습은 우리가 살아가는데도 예외가 아니어서, 완벽한 사람보다는 좀 모자라는 듯한 사람, 허(虛)가 보이는 사람을 더 좋아한다. 맨발로 논두렁에 앉아 막걸리 사발을 들이키는 대통령의 모습에 매료되기도 하고, 시장바닥 생선가게 아줌마와 악수를 나누는 입후자의 모습에서 높은 분의 벽은 허물어지고 그들이 성큼 우리 앞으로 가깝게 다가 온다. 평소 높게만 보여지다가 장소와 분위기에 어울리며 허술해 보이며 다가서는 그들에게 우리는 더욱 동료의식과 친밀감을 느끼게 되고 마음까지 빼앗기곤 하는 것이다. 시절이 좋아졌다고들 하지만 모두가 호시절을 누리고 살고 있진 않다. 높고 낮음과, 가짐과 못 가짐, 잘남과 못남의 간극(間隙)은 여전하여 이것을 극복하는 길이란 인간적으로 서로가 서로에게 다가가야 할 길 밖에 없다.

완벽한 것 보다는 오히려 인간적인 것이 우리를 편안하게 한다. 안타깝게도 이것을 알기에는 꾀나 시간이 걸려야 한다. 모든 인생사가 그러하듯 가까스로 철이 들 때쯤이면 인생 종반이다. 열심히 좌충우돌

하고 묻혀 살 때는 이런 생각을 할 겨를이 없었다. 냉철하다던가 칼 같이 엄하다던가 하는 주위의 평을 듣고 싶어 했다. 그래야 제 값을 하는 줄 알았다. 얼마 전 도지사[道伯]을 지내시던 분이 이제는 이웃 아저씨가 되어 우리 곁으로 왔다. 관사(官舍)도 비서도 검정승용차도 모두 물리시고 운동복에 산책 나온 모습을 대할 때 정말 편해 보였다. 낙향(落鄕)한 부부의 모습에서 인간적인 내음이 저절로 묻어 나오기 때문에 저마다 걸음을 멈추고 인사를 드린다. 뉴스 속에서만 뵙던 분과 같이 산보 행렬 속에 있다는 것만으로도 동료의식을 느끼게 하며 기분을 상쾌하게 해 주는 것 같았다. 서화담 선생은 그의 글에서 "부귀는 다툼이 있어 손대기 어렵지만, 자연은 금함이 없어 가히 몸이 편안하네" 라고 했다고 한다. 관직을 마치고, 돌아와 자연과 벗함으로써 인간적인 삶으로 되돌아온 모습은 도백(道伯)의 백년 인생에도 즐거움[安貧樂道]이겠지만, 더불어 이웃에게도 편안함을 느끼게 하여 좋았다.

삶에서 참으로 소중한 것은 완벽이 아니라 인간적인 모습이다. 인간적인 것은 자연스럽게 세어나가는 우리들의 속내이기 때문이다. 완벽은 인간의 영역이 아니라 신(神)의 영역이다. 저마다 잘났다고 고개 들고 뽐내어도 어디엔가 묻어두는 한두 가지의 아킬레스건(腱)이 있는 법이다. 이 세상 풍진 속에 살면서 나와 네가 크게 다를 바 무엇이 있으랴. 인디언들은 구슬로 목걸이를 만들 때 살짝 깨진 구슬 하나를 완전한 것들과 더불어 꿰어 넣었다고 한다. 이것을 그들은 영혼의 구슬이라고 불렀다. 완벽함이 영혼을 부르기 보다는 약간의 부족함이 오히려 우리들의 영혼을 일깨울 수 있다고 본 것이다.

표정관리

알면 안다고 촐싹대고 모르면 모른다고 불안한 기색이 얼굴에 여실하면 단순한 유형의 사람이다. 이렇게 쉽게 자기를 노출하는 사람은 곧 한수 접어주고 두는 바둑처럼 수월하고 손쉬운 상대이다. 이에 반하여 알아도 모르는 듯, 몰라도 아는 듯, 무덤덤한 표정으로 있는 사람을 상대하기는 여간 힘들지 않다. 그들은 들어나는 표정도 없고, 감정도 극도로 추슬러 상대의 진의(眞意) 파악은 도무지 한밤중이다. 흔히 이야기 하는 나무로 깎아 만든 닭 같은 사람이다. 자신의 감정을 완전히 통제할 줄 알고, 무언가 범접할 수 없는 모습을 보이는 사람을 목계지덕(木鷄之德)이 있다고 한다. 모 재벌 회장이 후손에게 자주 들려주었다는 목계(木鷄)이야기는 노자의 도덕경(道德經), 달생편(達生篇)에 나오며 열자(列子)의 이야기로 소개되고 있다. 주나라에 싸움닭을 훈련하는 사람이 있었다. 왕의 특별한 부탁을 받고 싸움닭을 조련하고 있었다.

열흘이 지나자 왕은 싸움 할 만큼 훈련이 되었는지를 묻는다.

"아직 멀었습니다. 닭이 강하긴 하나 교만하여 자기가 최고인줄 알고 있습니다."

다시 열흘이 지난 후 왕은 같은 물음을 한다.

"아직 멀었습니다. 교만함은 버렸으나 상대방의 소리나 그림자에도 너무 쉽게 반응합니다."

다시 열흘이 지나자 또 왕이 묻는다.

"아직 멀었습니다. 닭이 조급함을 버렸으나 상대방을 노려보는 눈초리가 너무 공격적입니다. 그 눈초리를 버려야 합니다."

그 뒤 열흘이 지난 후 왕이 묻자 그제서야 이렇게 대답한다.

"이제 됐습니다. 다른 닭이 소리를 쳐도 꿈쩍할 낌새도 보이지 않습니다. 멀리서 보면 마치 깎아 만든 나무 닭 같습니다(望之似木鷄矣). 다른 닭이 모두 싸우려 하지 않고 달아나 버렸습니다." 무용을 보이지 않는 불무(不武), 성내지 않는 불노(不怒), 대적하지 않는 불여(不與), 자기 낮춤(爲之下) 여기서 나오는 깎아 만든 닭 같은 표정관리 이것이 후일 세계를 재패하고 있는 한국 명문 'S' 재벌가의 대물림 교육이었다. 우리는 지금 얼마나 수련이 된 닭의 표정을 하고 살고 있을까? 쉽게 노하고 설치며 난체하며 남의 우위에 서기 위해 볏을 곧추 세우는 등 채 열흘도 조련이 안된 함량 미달의 싸움닭 수준에 있지나 않는지 스스로 살펴볼 일이다.

검도도장(劍道道場)에 대련(對鍊)하는 모습을 넋을 놓고 구경을 하는 걸인이 있었다. 이는 필히 과거 펄펄 날던 검객이었거나, 아니면 검술을 처음 봐서 신기하여 마음을 빼앗기었거나 둘 중에 하나였으리라. 행색은 초라하고 볼품이 없으나 구경하는 모습이 실로 진지하였다. 대원들이 훈련을 마치고 자리를 정리할 때 쯤 이윽고 도장(道場) 안으로 들어와 본인도 한번 해 보면 안되겠느냐는 청(請)을 하는 것이었다. 누가 이런 걸인을 상대로 다시 도복을 입고 맞서 줄 사람이 있을까? 사정이 이러하니 불청객을 맞아 검(劍)을 잡은 사람은 바로 대검객(大劍客)이었던 도장 사범이었다. 두 손으로 칼을 움켜쥐고 상대를 응시하는 사범의 눈은 금시라도 이 사람의 목을 벨 기세다. 그러나 이 과객(過客)은 지게 작대기 잡듯 칼을 늘어뜨리고는 무표정으로 앞을 보고 서 있는 것이다. 상대의 칼이 자기의 목숨을 홍정하고 있다는 것을 아는 듯 모르는 듯 참으로 천연덕스런 모습이었다.

검술이란 원래 상대방에게 나의 허(虛)를 뵈주어 유인하고, 내 허를 향해 들어오는 상대방의 중심이 흔들리는 찰나를 포착하여 공격자의 허를 베어 내는 무술이다. 너무나 무표정한 걸인의 대련(對鍊) 자세가 고수(高手)인 검도 사범(師範)에게는 허술함이 허술함 같지 않았고 마치도 허를 내 보이며 본인을 유인하는 것 같아 결국 사범은 그에게 압도당하여 무릎을 꿇고 말았다. "앞으로 스승님으로 모시겠습니다." 정말 걸인은 고수의 칼잽이 이었을까 아니면 단순한 걸인이었을까?

아마도 후자 이어야 이야기가 더 재미있어 질 것이다. 위협하는 눈초리를 보이지 않기에 그 마음은 상대방으로 하여금 스스로 두려움을 느끼게 만든다. 부드러움과 유약함이 결국 강하고 센 것을 이긴다(柔弱勝强剛). 좋아도 좋은 기색이 없고, 마음에 들지 않아도 속내를 쉽게 드러내지 않는 표정관리. 이것은 공인된 처세술 또는 변장술(變裝術)이다. 교만과 조급함, 그리고 공격적인 눈초리를 버리고 완전한 평정을 찾은 제대로의 표정관리를 하기 까지는 스스로 많은 내공을 키워야 함은 두말 할 여위가 없다.

아버지의 선물

예나 지금이나 어머니의 사랑노래는 많았어도 아버지에 대한 이야기는 그렇게 흔치 못합니다. 아버지의 사랑이 그렇게 딱딱하고 무딘 것도 아닌데 이렇게 기울기가 심할까요? 신라시대 향가에서는 아버지의 사랑을 호미에 비교 하고 어머니의 사랑을 낫에 비교하였습니다.

'호미도 날이 있습니다 마는 낫 같이 들 리가 없습니다.

아버지도 부모이긴 합니다만 어머님 같이 사랑할 리 없습니다.'

아버지의 사랑이 어머니의 사랑에 비해 지금도 이렇게 많이 차이가 나는 것입니까?

우리를 나게 하고 길러주신 부모님 은혜가 어느 쪽이 더 높다, 넓다가 그다지 의미 있는 일이 아닙니다만 그러나 점점 잊혀져가는 아버지의 사랑은 어머니 사랑에 너무 대조적임을 안타까워합니다. 한동안 유행했던 '아버지' 라는 동영상에서 나타난 아버지에 대한 사랑은 변명 섞인 표현으로 우회적으로 표현하였다. '아버지는 결코 무관심한

사람이 아니다. 아버지가 무관심한 것처럼 보이는 것은, 그 마음을 쉽게 나타내지 못하기 때문이다.'

'아버지의 선물' 이야기는 미국의 유명한 저널리스트인 팀 러설트(Tim Russert)가 쓴 '아버지의 지혜' 라는 책에 소개된 내용입니다. 이 책은 아버지 사랑에 대해 일화들을 미국 전역에서 수집하여 간추린 내용으로 아버지의 참 사랑을 느낄 수 있는 진솔한 우리 주변이야기들을 모아 놓고 있습니다. 이야기는 이러합니다.

자전거

일곱 살 때 처음으로 자전거를 크리스마스 선물로 받았습니다. 1943년도 한창 2차 대전이 진행 중이었던 생활이 어렵던 시절이라 요즘처럼 아무데서나 새 자전거가 눈에 띄는 시절은 아니었습니다. 왜냐하면 어지간한 쇠붙이는 무기를 만들기 위해 긁어모아 전쟁터로 보내던 시절이었기 때문이지요. 당시 나는 자전거가 너무 가지고 싶었습니다. 방법 있나요, 산타클로스 할아버지가 가져다주는 선물 보따리에 자전거가 있기를 간절히 기도 드리는 수 밖에요. 어떻게 생겨먹던 두 바퀴만 달린 거라면 좋겠으니, 꼭 가져오라고 기도에 기도를 해 왔었지요. 아버지께서는 올해는 아마 산타할아버지가 자전거를 못 가져오실 거라면서도 인내심을 가지고 저를 위로해 주시었습니다. 드디어 성탄절이 되었네요. 그래도 나는 집안 이곳저곳을 두리번거리며 자전거를 찾아보았습니다. 자전거는 보이지 않았습니다. 그러나 다음날 이른 아침 지하실에 내려가 보고 기절초풍할 지경 이었습니다. 크리스마스트리 옆에 지금까지 본적이 없는 너무나 훌륭한 크고, 붉고, 은색이 나는 예쁜 자전거가 거기 있는 것이 아니겠어요. 나는 날아 갈듯 달려가 자전거를 살폈지요. 자전거 핸들은 넓었으며, 뼈대는 붉은 색이었고, 뒷물 받침대는 은색이었으며 가죽 안장을 높게 달았더라구요. 무엇보다 두 바퀴가 달렸기에 틀림없는 자전거로다 생각했지요. 크리스마스 다음날은 눈발이 뿌려 진종일 기다리다 다음날 아침 날이 밝자 나는 정신없이 자전거를 타고 돌아 다녔는데 겨울 바람에 얼굴이 아렸다는 것 밖에는 기억이 나지 않아요. 며칠 지난 뒤에야 이 훌륭한 자전거 여기저기에서 흠들이 보이기 시작하더라구요.

〈아버지의 자전거는 완전하지는 못했지만, 아버지가 사랑으로 만들어 내신 것임을 아들은 알고 있습니다.〉

인생의 가장 큰 시련 앞에서 뜨거운 눈물을 뚝뚝 흘릴 때, 진실로 의지하고 싶은 이는 바로 아버지가 아니던가요. 아버지란 존재는 항상 우리들 가슴속 깊은 곳에 뜨겁게 자리하고 있습니다. 철없던 시절 아버지는 사춘기 반항의 대상이며 부정과 극복이 대상이 되기도 하지만, 내가 오늘 이렇게 온전하게 사람의 구실을 할 수 있었던 것은 묵묵히 나를 바라보고 지켜준 아버지의 힘이 아니었을까.

아랫일 위엣일

열심히 일한다는 것은 좋다. 눈코 뜰 새 없이 바쁘다는 것은 정말 좋다. 열심히 일함으로써 조직에 보탬이 되고, 회사에 기여가 될 수 있다면 열심히 하는 것만큼 좋은 것이 어디에 있겠는가? 열심히 일을 하되 목표 설정이 잘 되어 회사가 나아가고자 하는 방향으로 초점을 맞추어 준다면 더욱 좋을 것이다. 팽이는 열심히 돌았겠지만 어느 한쪽으로 가야하는 방향성(Vector)을 가지고 있지 않아 제 자리에서 맴돌았기에 움직인 이동거리는 하나도 없다. 즉 팽이로써는 한 치의 전진(前進)이 없이 헛돈 셈이다. 열심히 돌면서 오직 자기 힘만 소진하는 에너지 태우기에 급급했을 뿐이다.

조직은 위아래가 있어서 위는 위대로 아래는 아래대로 자기 직분이 있다. 저마다의 위치에 맞게 일거리가 분장 되어 있다. 아랫사람이 자기 직분을 넘어 윗선을 넘겨다보아 말썽이 나는 경우는 거의 없으나 반면 윗사람이 해야 할 일, 안해야 할 일 무분별하기 관여해서 탈을 만드는 경우는 허다하다. 즉 부지런한 위엣 사람들 때문에 조직이 낭패를 맞는 경우다. 위엣 사람들이 위엣일에 소홀하면서까지 자기가 안다고 생각하는 자잘한 아랫사람의 일에 옥신각신 매달리고 있다면 이것은 위엣사람의 업무태만이요 곧 직무유기이다. 왜냐하면 위에는 위에대로 반드시 해야 할 본연의 일이 엄연히 있기 때문이다. 손쉬운 일, 누구나 할 수 있는 일에 몰두하다보면 정작 중요한 의사결정에 있어 재빨리 전념체제로 돌아갈 수 없다. 의사결정이 늦어지거나, 소홀해지거나, 아니면 업무강도가 약해져서 명확한 업구 지침을 밑으로 내릴 수 없다면 얼마나 큰 손해일까? 마치도 돛대가 부러진 배처럼 기업이 갈팡질팡하게 된다. 반면 아랫사람에게는 위엣사람이 일일이 업무에 관여하는 통에 윗사람의 배려를 받는다기 보다는 오히려 아랫사람을 게으르게 만들며, 소신없게 하며, 윗사람 의존형으로 만들어 "어찌하오리까" 하는 '허락형' 의 무능한 사람으로 전락시킨다.

부질없는 일을 하는 것을 사자성어로 발묘조장(拔錨助長)이라 한다.

논에 파종한 어린 싹이 빨리 자라지 않는다고 우려 하던 부자(父子)가 있었다. 아버지는 걱정한 나머지 밭으로 나가 무언가 열심히 조치를 해 놓고 집에 돌아와 아들에게 말 한다. "나가 보아라, 내가 모종(某種)을 많이 키워 놓았다." 아들이 들에 나가보니 모종은 모두 말라

죽고 있었다. 아버지가 한 일은 모종들을 모두 한 치씩 위로 뽑아 올린 것이다. 중국 고사에 나오는 이야기다. 하는 일이 안한 만도 못할 경우이다. 위엣일을 하는 사람들은 많은 경우에 실무 담당자만큼 전문적이지 못하다. 때론 경험이 많아 판단에 있어 그르침은 적다고 볼 수는 있다. 그렇다고 조력(助力)의 역할을 넘어 심할 경우 내가 북 치고 장구 치고 다 해야겠다고 생각하면 그 많은 일들을 어찌 감당을 해 내랴.

일일이 작은 일에 손대다 보면, 아랫사람은 자연적으로 '열중쉬어' 자세가 되어 버리고, 정작 본인은 일의 부하(負荷)에 헤어나지 못하게 된다. 아랫사람에게도 백해 무해한 일, 양쪽 모두가 바람직하지 않는 것을 왜 사서 고생을 할까?

솔선수범 때문일까? 솔선수범은 잠시 보여 주는 헤프닝 이어야 한다. 늘 상 그렇게 하는 것은 나쁜 습관이다. 농삿일을 하면서 가계를 꾸렸던 아버지의 경우가 그러했다. 일꾼들이 놀고 있지나 않나 항상 감시 감독을 하셨고 그러다 보니 무논에는 아버지가 제일 먼저 들어가서 들어오라 고함쳐야 일이 시작이 되고, 일의 마감은 당신께서 제일 늦게 논에서 나오시며 '이만' 하셨다. 일에 대한 표준은 철저히 보여 주신 것이다. 친구들의 어른들이 대게 오래 오래 장수를 하신 반면, 일에 철저하셨던 아버지는 일흔 중반에 타계하셨다. 아마 힘든 노동일 때문이었으리라. 주인이 일꾼 수준에 머물러 일을 하시고 또한 모범을 보였으니 얼마나 힘이 드셨을까? 옛 사람들 우스개 소리에 '양반이

종놈 보다 먼저 죽는다' 고 했다. 그 이유가 무엇일까? 종 부리기가 여간 힘들지 않아 양반은 속 앓이 하다 제 명(命)대로 다 못산다는 것이다. 상전하기[經營者]가 여간 힘들지 않음을 말하는 듯하다. 회사경영에 있어 관리자가 내 뜻대로 되지 않으니 팔을 걷어 부치고 직접 뛰어들거나, 전문성을 빙자로 내손으로 처리해야겠다는 유혹이야 간절하지 않을까. 일회성의 시도(試圖)가 부지불식간에 나쁜 버릇이 되고, 자기도 모르게 팽이처럼 에너지를 태우게 된다. 간부들은 떠 밀어 올리는 일의 홍수에 헤어나지 못해, 전체를 보는 안목보다는 아랫사람과 경쟁하는 꼴이 되거나 아니면 일상의 노무로 전락할지 모른다. 아랫일은 아랫사람에게 위엣일은 윗사람에게로 가야 한다. 혼자 설치는 연주(one man band)형 직장 분위기 보다는 여러 악기가 다양한 소리를 내는 음악 연주(orchestra)형 조직이 더욱 아름다운 직장을 만든다.

칭찬의 함정

말 하는 사람은 즐거우나 듣는 사람은 거북스런 것이 군대 고참병 허풍이다. 누구나 신참 시절에는 한번쯤 들어본 이야기겠거니 생각하고 옮겨 본다. '고참은 태권도가 5단이요, 유도가 5단이며, 검도가 5단이니 합이 15단이라 세상에 당할 자는 아무도 없으며, 그 존재는 신과 동격이어서 하시는 일마다 전지전능하시니, 모든 고참의 말은 종교에 준해서 믿고 무조건 따라야 한다' 라는 것이다. 물론 우스개로 하는 개그 수준의 이야기겠지만 고참의 위치를 신성불가침이요 무소불위의 위치임을 내세우는 고참병 모시기의 중책을 맡은 병 선임자가 웃자고 하는 이야기이리라.

정도의 차이가 있겠으나, 국내 기업의 사장님 모시기 또한 이런 수준이 아닌가 생각한다. 한마디로 한심한 풍경이다. 리더에게 자기도취의 최면을 걸게 하는 영양가 없는 추켜세움은 곧 아랫사람들이 윗사람

발아래 파 놓는 함정으로 보아야 할 것이다. 어려운 사업하면서 이런 정도의 대접과 아부는 받고 살아야 하지 않겠나 하면 그게 뭐 대수래 생각하고 넘어갈 수도 있겠지만, 현대의 기업은 개인의 것이 아니라 회사원 모두의 삶의 터전이기 때문에 무단히 텃밭을 망칠 무수한 헛말들은 거품으로 걷어내야 한다는 생각이다. 조직에서 사장, 회장이 가장 머리가 좋다고 추켜세우는 자는 사장을 교만하게 만들어 언젠가는 높은 곳에서 무참히 등을 떠미려는 음모자이다. 하시는 일마다 대단하고 최고라고 탄성하는 자는 사장을 용비어천가 속의 해동육용(海東六龍)으로 치부하는 자이니 연속극 속의 내시(內侍) 수준일 것이다. 아마도 급한 일이 생기면 청마루 밑으로도 숨어 들어가 쉽게 체면을 잃어도 괜찮을 신분이 그 사람들이다. 코미디를 보아도 무표정인 사람도 사장님 말 한마디면 박장대소요, 요절복통하는 통에 그 진정성의 우열이 짐작이 가지 않는다. 평소에는 입에서 군내가 날 정도로 마음이 굳어 있는 사람들일수록 그 칭찬방법은 무모해 진다. 무엇이든 당신의 아이디어가 최고라고 추켜세우는 자는 이 한 마디를 빌미로 정작 본인은 아이디어를 내지 않고 높은 분 그늘아래 편하게 지내려는 사람이다. 모두 영양가가 전혀 없는 빈 숟갈을 입에 물리는 사람들이다. 사장을 스스로 체면에 걸리게 하고, 자만이라는 덫에 걸려 넘어지기를 기다릴지도 모르며 이해관계가 뒤틀리면 제일 먼저 등을 돌릴 사람이다. 사장은 이런 무리들이 겉 자라지 않도록 하여 본연의 임무에 성실한 건전한 다수 구성원들에게 상처를 입히지 않도록 해야한다. 윗사람이 신선(神仙)에 가까워지고, 대단한 공치사(空致辭)를 받는 것 만큼 반비례해서 직원들이 비굴함을 키우고 저마다 한 꼼수를 생각하는 어지러운 조직이 되어갈 위험이 도사리고 있기 때문이다. 직원들에게 거지 근성을 키우는 곳에는 회사도 거지 집단이 되어가고 그 끝은 윗사람이 왕초수준의 조직으로 전락할 위험이 다분하다. 소신도 줏대도 없이 무작정 알랑방귀를 뀌어 상대의 귀를 즐겁게 하는 사람들은 서양이나 동양이나 어느 곳에든 존재하나 보다. 이런 사람들을 위한 충고의 말은 영어 속담도 있고 옛 문장에도 나온다.

듣기 좋은 말만 하는 자는 당신의 입에 빈 숟갈을 물리는 자이다. (He who gives fair words feeds you with an empty spoon). 영어 속담이다. 좋은 말로 무엇을 내게 퍼 넣으려고 하면 귀부터 막아야 한다. 빈 숟가락을 입으로 넣다니 듣는 이의 마음이 먼저 공허해 진다. 교언영색(巧言令色)은 선의인(鮮矣仁)이라 하였다. 교묘한[巧] 말[言]과 아첨하는[令] 얼굴색[色]은 인[仁]이 드물다[鮮]는 뜻이다. 논어(論語)에 나오는 공자의 말이다.

아랫사람들의 칭송을 멀리하라. 그들의 칭송은 교언영색(巧言令色)일 뿐이니 교묘하게 부리는 말재주에 불과하다. 참으로 멋있는 윗사람이 되려면 듣기 좋은 꽃노래에 귀 막아야 한다. 위대해 진다는 유혹에서 빠져나오는 길은 쉽지는 않겠지만 그 대신 직원들을 향해 칭찬을 되돌리는 지혜를 발휘하면 되지 않을까. 부족함이 내 몸에 느껴질 때 까지는 칭찬받기 보다는 아래 사람을 칭찬하라. 정자(程子)는 말한다. 교언영색이 인(仁)이 아님을 아는 것이 곧 인(仁)을 아는 것이니라. (程子曰, 知 巧言令色之非仁則 知仁矣).

손자(孫子)의 본때

우마(牛馬)에 의한 수레가 고작 이동수단이었을 기원전과 현금(現今) 비행사가 우주여행을 하는 밀레니엄 시대 사람들의 사고방식은 다를 수 있을 것이다. 아울러 군(軍) 병법서(兵法書)란 군의 지휘 통솔을 위해 쓰여진 것인데, 돈을 버는 기업경영(企業經營)에 연결시킨다는 것은 더 더욱 맞을 것 같지 않다. 그러나 시간과 공간을 넘어 사람의 일들을 다루고 있다는 점에서는 생각하면 손자병법은 고전의 이야기가 아니라 지금도 그 의미가 살아나는 기업 경영서로 생각할 수도 있겠다.

흔히들 말하기를 대 기업은 전문 경영인이 효과적일 수 있겠지만, 중소기업에서는 전문 경영인 제도는 맞지 않다고 한다. 그래서 오너 경영 외에는 방법이 없다는 이야기도 한다. 왜냐하면 기업의 성장과정에서 함께 동고동락하며 일궈온 모든 것을 다 꿰뚫고 있기에 대타(代

打)에게 그 역할을 맡긴다는 것은 어딘가 모르게 불안하기 때문이다. 이럴 때 손자병법의 아래 이야기를 들어볼 필요가 있다. 손자(孫子)의 이야기는 사기(史記)를 쓴 사마천(司馬遷)(기원전 145년)의 손무열전(孫武列傳)에 나온다. 이 기록의 시대적 상황은 제(齊)나라에서 망명한 손자와 오(吳)나라 왕 합려(闔廬)가 벌인 궁정 뜰에서의 벌인 왕의 거만스런 면접시험을 소재로 하고 있다.

병서 13편을 지은 손자가 제 아무리 이름났던 장수(將帥)라 했더라도 외형에 있어서는 위엄도 출중함도 없었다. 꾀죄죄한 몰골에 피골이 상접한 사람을 장수라고 부르다니, 장수가 저 모양인가 하고 업신여기기 딱 알맞았다. 꼴에 장수랍시고 자기 키 보다 더 긴 칼을 끌듯이 차고 들어서는 손자는 개그맨 수준이었다. 어떻게 보면 병졸(兵卒)로도 쓰지 못할 재원으로 보였을 것이다. 합려(闔廬)왕은 손자를 시험한다. 손자는 궁녀 100명을 지휘해 보라는 왕의 지시를 받았다. 왕의 농섞인 이 지시는 의도된 왕의 우롱이었을 지도 모른다. 손자는 궁녀들을 두 개 팀으로 나누고 각 팀 앞에는 합려 왕이 평소에 가장 아끼는 총희(寵姬) 두 사람을 뽑아 대장으로 지휘토록 하였다. 손자는 대열을 향해 '좌로 보아', '우로 보아', '앞으로 보아' '뒤로 보아'를 설명해 주었다. 그리고 명령을 해 보았다. 그러나 궁녀들은 웅성대고 낄낄거리며 장수의 명령을 들은 척도 하지 않았다. 손자는 목소리를 가다듬고는 '명령이 제대로 이해되지 못하는 것은 장수의 책임이니 다시 설명 하겠다' 고 한 후 연거푸 3번을 설명을 한 후 같은 명령을 시도한다. '좌로 보아' '우로 보아' 해 보았지만 대열은 여전히 장수를 비웃고 키득거렸다. '군령이 애매하면 장수에게 책임이 있지만, 군령이 분명한데도 이행치 않는 것은 지휘하는 대장의 죄다' 라고 호령한 후 맨 앞에 서 있는 왕의 총희 두 사람의 목을 단칼에 베어 추풍낙엽으로 바닥에 떨어뜨리니, 궁녀들과 더불어 조롱의 웃음을 웃던 합려왕도 그 비참함에 눈을 감았다. 손자는 다시 차선임 총희를 앞세워 똑 같은 명령을 시도하였다.

쥐 죽은 듯한 적막 속에 궁녀들은 모두 일사 분란하게 움직였다. 이어 손자는 왕에게 다가가 보고하기를 궁녀들이 잘 훈련된듯하니 전하께서 직접 한번 해 보시라고 권하였다만 왕은 두 총희를 잃은 슬픔에 손자의 요청 따위는 들은 척 만척하고 슬퍼하며 자리를 떴다고 한다.

손자가 궁중의 오합지졸인 궁녀를 통솔 할 수 있었던 것은 칼이다. 통솔의 힘은 칼로부터 나왔기 때문에 신변에 위험을 느낀 궁녀들은 장수가 꾀죄죄했던 귀태(貴態)가 났던 간에 날아가는 목을 보고는 따르지 않을 수 없었다. 굳이 현대식 경영이론을 빌린다면 손자에게는 칼이라는 상벌권(賞罰權)이 있어서 궁녀들에게 본때를 보일 수 있었던 것이다.

중소기업이 반드시 전문경영인이 맞지 않는다는 것은 무리한 해석이다. 이들에게 먼저 필요한 것이 있다면 칼을 주어 위엄을 가지게 하는 일이다. 칼은 내가 차고 위엄은 네가 부리라는 것이 맞지 않다. 상호 이해관계가 없는 무상관의 관계에서 '좌로 보아' '우로 보아' 라고 내리는 명령은 쓸데없는 관여쯤으로 생각한다. 더욱이나 요즈음 직장인들 사이에는 칼 보다 더 무서운 것이 돈이라는데, 봉급봉투의 두께 결정에 상관없는 사람은 영원한 타인이다. 그래도 인정(人情)에 의해 복종한다는 것은 지능 지수가 두 자리 미만의 바보에게나 기대 해 볼 일이다. 봉급(돈), 승진, 보직, 포상 등에 관한 일들에서 권한을 가진 자들만이 윗사람으로써 홀로 서기가 가능하게 된다. 권한이 없으면 제 아무리 출중한 상관도 꾸어다 놓은 보릿자루 신세를 면치 못할 것이다. 뜨겁지 않으면 불이 아니다. 본때를 보일 수 없는 곳에 영(令)은 서지 않는다. 사람들은 저마다 밝은 이해타산에 의해 마음을 주고받는 만물의 영장(靈長)이기에 더욱 그러하다.

두리안(durian)

우리가 자랄 때만 해도 '귤', '바나나', '파인애플' 등은 고급 음식이 되어 서민들에게는 친숙하지 않았다. 간신히 '귤' 정도가 좀 나돌았을 뿐 '바나나' 나 '파인애플' 등은 환자 병문안 정도에나 등장할 귀한 품목 이었다. '귤' 이나 '바나나' 는 외형을 보면 어떻게 먹는지 대강 짐작이 가지만 그러나 '파인애플' 은 달랐다. 어느 날 우리는 '파인애플' 을 한 개 사다 식탁위에 올려놓고 여럿이 둘러 앉아 어떻게 자를까를 토론을 한 적이 있다. 지금 생각하면 우스운 이야기지만 벌써 40년이 지난 이야기니 가난했던 시절의 웃지 못 할 에피소드다.

이상한 먹거리라면 그냥 지나치지 못하는 성미라 난생 처음 '두리안' 이라는 과일을 샀다. 과일에 대한 사전 지식은 딸아이가 인터넷을 검색하여 '두리안' 에 대한 오리엔테이션을 마쳤다. 우선 고슴도치처럼 생긴 비대칭 덩어리를 어떻게 잘라야 하는지와, 다음은 지독하다는 냄새를 어떻게 처리하느냐가 문제였다. 검색자료에 의하면 말레지아에서는 최고급 과일로 불리어 지고, 그 맛이 과일 중에 과일 이라는 칭송이 있다고 한다. 반면에, 호텔 투숙객들에게 다른 건 허락 되더라도 이 과일 만큼은 방안으로 가지고 들어오지 못하도록 금할 만큼, 혐오과일 이라는 등, 양파 썩는 구린내가 등천 한다는 등 악평 또한 이만저만이 아니다. 이러고 보니 좋아하는 사람은 아주 좋아하고 싫어하는 사람은 아주 싫어하는 과일이다. 어떤 누리꾼은 두리안을 먹어 본 후 다음과 같이 혹평을 하였다. 맛의 향은 마치 돼지의 배변, 송진, 양파 썩은 것에 운동 후의 양말을 빨아 넣은 것 같다고 혹평을 해 놓았다.

그럴수록 나는 쾌재를 부르며, 내심 참 잘 됐구나 흐뭇해 했다. 이처럼 헷갈리는 평판의 과일을 선택했다는 것에 대해 대단히 만족하는 것이다. 우선 냄새가 지독하니 집 밖에 나가서 일을 벌이자고 생각하였지만 바른 방법이 아니었다. 밖에 나가면 냄새 때문에 이웃에게 피해를 줄 수도 있고, 또한 구린 음식인 줄 알고 달려들 파리 떼를 생각하면 적절하지 못했다. 그럼 집안에서 해 치우자고 생각하고 식구에게 양해를 구한 후 식탁에서 작업을 벌렸다. 수박처럼 두 동강이로 쉽게 끝장이 나는 것이 아니었다. '두리안' 은 자른 방향에 따라 여러 개(5개)의 격실을 가지고 있었고, 그 격실 속에 노릿하게 생긴 속살들이

한 주먹씩 들어 있었다. 물론 처음에는 비위가 상할 만큼 났다. 허물허물한 속살은 완숙된 것이라서 그런지 아니면 상해서 그 모양인지 첫 경험으로는 도무지 판단이 서지 않았다. 이 일을 어쩌나? 비싼 돈을 주고 사서 맛도 보지 않고 버리게 되다니

먹을 수 있는 것과 못 먹는 것은 오랜 경험을 통해 분명히 구별되어 있다고 믿고 싶었다. 아프리카든, 동남아든, 비록 썩는 냄새가 나더라도 식용(食用)이니 먹고 즐기는 것이 아니겠는가. 그렇다면 결론은 이미 났다. 버리기 보다는 꼭 먹어야 한다. 냄새는 고약했으나 다행스럽게도 그 맛은 생각만큼 나쁘진 않았다. 잘 익은 참외를 홍어회에 얹어 먹는 기분이라고 할까? 냄새는 나를 당황하게 하였어도 시간이 지나감에 따라 코가 마비가 될 즈음이면 맛만 남아 입을 즐겁게 하였다. 과연 과일 중의 왕자다운 면모를 경험하게 되었다. 다음날 나는 두리안을 용감히 취식한 것에 대한 상당한 자부심을 가지고, 아이들에게 메일을 보냈다. Strange place, Strange food. 그래서 아버지의 별난 식성을 은근히 뽐냈다.

어머니의 비위생

칠순을 넘긴 어머니께 깨끗하게 해 달라는 주문을 드리는 것은 늘 조심스러웠다. 그렇잖아도 평소에 별난 놈이라 호가 나 있던 녀석이라, 이런 간섭 이라면 어머니는 오히려 성화가 더 빠르셨다. 어머니는 시골에 농삿일로 사시다 보니 항상 몸이 피곤 하시 단다. 이런 분에게 위생이란 걸 앞세우고 시시콜콜 참견하는 아들 녀석이 반가울 리 없다. 병균이 몸속에 들어가서 전염병이 된다는 것쯤은 어머님 인들 모르시었으랴 마는 철딱서니 없이 훈계하려는 잘 배운(?) 아이의 으스대는 꼴이 못 마땅하신 것이었다.

"어머니, 도마를 가끔 햇볕에 말리세요. 도마에 병균이 제일 많데요."

어머니가 기분이 좋을 때는 그냥 넘어가시지만, 심기가 불편하시거나 만드신 음식이 가족들에게 잘 팔리지 않을 때는, 내가 맛 떨어지는 행위의 원인 제공자가 되어 심한 원망을 듣기도 했다.

"이놈아, 너는 눈이 밝아 어찌 도마 위에 있는 병균까지 보이냐? 나는 눈이 어두워 아무것도 안 보인다."

라는 말씀이다. 자랄 때야 어머니 말씀은 항상 사랑노래 되였고, 어머니 손맛이면 최고의 요리라 믿었지만, 머리가 굵어지고 결혼을 해서 도회지 색시를 얻어 문화생활에 익숙해 지다보면 맛의 원천이 되었던 어머님의 손맛도 때론 그 자리가 흔들려 아내에게로 넘어간다.

아이들을 동반하고 시골로 명절 나들이 할 때, 시골과 도회지 위생에 관한 눈높이의 차이로

시골 부모님을 불편 하게 해 드린 추억이 더러 더러 있었다.

"그렇게 너처럼 별나게 안 해도 칠십 평생 병원 모르고 살았다, 그만하거라."

여기서 나는 감 잡고 "뚝" 해서 물러나야 한다. 어떤 때는 이런 승강이로 불편하게 한 적도 있다.

"어머니 숟갈 삶으세요.
간염 옮긴다고 술잔도 돌리지 말라고 방송하던데요."

그러면 대뜸 하시는 어머니 말씀이
"이젠 네 눈엔 간 병균도 보이냐"
"넌 학교서 그런 밥 맛 떨어지는 소리나 배웠냐" 하시면서

나를 이기는 척 하시지만 사실은 몰래 끓는 물에 소독을 하고 계셨다. 소독이란, 눈에 보이지 않는 병균에 대한 설명이 되니 그런 맞장구라야 노인다우신 맞대응이 되셨던 것이다. 어머니 돌아가신 지금에 생각해 보니 아마도 어머니께서는 좁쌀 사내가 되어 부엌 일에 관여하거나 잔소리 꾼으로 버릇이 나빠진다 싶어, 며느리를 위해서라도, 아예 아들놈 기죽이기를 앞장서셨던 것이다.
어머니와 최대의 승부수는 강정 공정을 감독하는 일에 있었다. 강정을 만들 때 늘어지지 않고 입에서 아삭아삭하게 부서지도록 양초를 넣는 사람들도 있는데 심히 위험한 일이니 이런 일이 없어야 한다는 방송이 있었다. 양초를 만드는 파라핀이란 다량 섭취했을 때는 실명(失明)도 될 수 있다고 경고 했다. 이번 명절에는 일찍 내려가 어머니 강정을 급히 확인해야겠군, 어설픈 식자(識者)의 결심이었다.

"어머니도 강정을 만들면서 양초를 넣으시나요?"

눈치가 구단(九段)이 넘으시는 어머니께서는 평소 별난 아들의 또 다른 별난 관심에 얼른 기선(機先)을 잡으셨다.

"양초를 넣지 않으면 강정이 되냐?"

라고 하시며 은근 슬쩍 허를 보이시면서 내게 걱정거리를 확 갖다 던지신 것이다. 이 말씀을 듣고 보니 나는 강정을 만드시는 어머니 곁을 떠나지 못했고, 어머니 주변을 맴 돌면서 화장실에서도 문틈을 내다보는 철저한 공정(工程) 감시를 벌인 것이다. 생각해 보니 어머니께서 한 수 위이였으며 대승(大勝) 하셨던 것이다. 오랜 만에 시골에 왔으면서도, 가방을 던지자마자, 위 아랫마을 쏘다녀서 집에 온 자식 얼굴 보기도 힘들었는데, 순순히 불량 공정을 자백(?)해 오심으로 해서 나를 오래 동안 어머니 곁에 있도록 할 수 있었던 것이었다. 좀탱이 사내의 부엌일 간섭을 차단하시기 위해, 자식을 좀 더 곁에 매어 두고 싶은 간절한 마음에 비 위생 '양초' 답을 일부러 내 놓으셨던 어머니의 지혜는 세월이 한참 가서야 해독(解讀)이 가능했다.

영웅 만들기

군담(軍談) 소설이라는 장르가 있다. 주로 영웅들의 무용담을 소재를 하고 있으며, 이런 유의 소설들은 첫 장에서 부터 주인공을 영웅으로 만들기 위해 그의 출생부터 고귀하게 해 놓고 이야기를 시작한다. 신출귀몰한 능력으로 동에 번쩍 서에 번쩍 해 가며, 관군을 무찌르고 공을 세운다. 이것이 난세의 걸출한 영웅의 모습이다. 예나 지금이나 전쟁이 있는 곳에는 영웅 탄생이 있기 마련이어서, 기자들은 영웅에 관한 기사를 쓰기 위해 죽음을 무릅쓰고 전쟁터를 누비며 혈안이 되기도 한다. 그러다 궁해지면 꾸며낸 허황된 이야기까지 만들어 낸다. 영화 '람보' 도 나오기도 하고 '라이언 일병' 구하기 같은 흥행물이 나오기도 한다.

미국은 지금 전쟁 중인 나라이다. 빈 라덴을 소탕하는 아프칸 전쟁과, 사담후세인 정부를 징벌하는 이라크 전에 있어서, 꼭 있어주면 좋겠다 싶은 영웅 이야기에 굶주려 왔다. 현대판 전쟁 영웅 이야기가 필요한 이유는 병사들에게 영웅을 닮은 용맹스런 전사(戰士)의 표준을 제시하여 사기를 올리기도 하고, 다른 한 편으로는 국민들에게 전쟁의 명분을 이해시키며 이런 정신으로 싸우고 있으니 전쟁에 반드시 이길 수 있을 거라는 신뢰감을 심어주기 위해서다. 제시카 린치와 틸먼 특전용사의 영웅담을 들어보자.

미군은 이라크 나시리야에서 "적군에 구금돼 고문을 받던 여군 병사를 치밀한 작전으로 구출했다"고 발표한 바 있다. 린치(Former Army Private Jessica Lynch) 양은 미군의 이라크 침공 초기인 2003년 3월 22일 동료들이 모두 전사하거나 부상한 상황에서 끝까지 싸우다 포로로 잡혀 고문을 당하던 중 미 특공대가 구출(2003년 4월)한 것으로 발표되어 당시 세계를 떠들썩하게 만들었다. 그러나 린치는 "실제로 하지 않은 일로 칭찬을 받고 싶은 생각이 추호도 없다"면서 교통사고로 발을 다쳐 이라크 병원에서 치료를 받고 있었다는 것이다. 구출 스토리의 주인공은 차분하면서도 단호하게 "나는 람보처럼 싸우지 않았다. 교전에 참가하지 않았다. 독일 병원에서 나의 부상은 총격 때문이 아니라 타고 있던 군용 지프차가 뒤집혀 발생한 것으로 진단했다"고 하며 그녀는 소개된 영웅 이야기를 한사코 부인해 왔던 것이다. 아직도 보조기의 도움 없이는 서거나 걸을 수 없는 린치 양은 "지금도 왜 미군 당국이 거짓으로 나를 '전설' 로 만들려고 했는지 혼란스럽다" 고 말했다.

다음은 미국의 또 다른 전쟁영웅 틸먼씨의 이야기다. 미국 언론들은 미식축구 선수였던 틸먼이 군에 입대할 때부터 "돈이 아닌 조국을 택한 영웅" 이라면서 그가 죽자마자 그를 일제히 띄웠다. 백악관은 애도 성명을 발표하고, 성대한 장례식을 치렀다. 이 장례식은 미국에 내로라 하는 상원의원과 공화당 지도자들이 참석한 가운데 성대하게 치러졌다. TV로 미국 전역에 생중계된 장례식에서 동료 군인은 "틸먼은 집중 포화 속에서 동료들을 구하기 위해 목숨을 던졌다" 는 조사를 읽었고 언론들은 이를 그대로 받아썼다. 틸먼에겐 훈장이 추서됐다 (2004년 4월) . 그러나 틸먼의 부모는 아들이 숨진 이유를 알려달라며 육군에 조사를 요구했으며, 조사결과 그는 탈레반이 아닌 미군의 오인사격에 의해 숨진 것으로 확인됐다. 틸먼은 동료들이 본인에게 오인 사격을 해오자 적군이 아님을 알리기 위해 손을 흔들며 신호를 보낸 것으로 드러났다. 틸먼의 전우였던 틸먼의 전우였던 브라이언 오닐(o'Neal)씨는 그의 증언에서 "틸먼이 숨진 직후 직속 상관인 베이리(Bailey)중령에게서 같은 부대에 있던 형(Kevin Tillman)에게 그의 동생(Pat Tillma)이 사망한 경위를 말하지 말라는 명령을 받았다" 고 폭로했다. 이렇게 됨으로써 이후 영웅담은 오히려 잘못된 엄호사격에 의한 사망 사고의 은폐임이 드러났다.

이 두 이야기의 주인공, 영웅이 되기보다는 오히려 정직함을 택한, 그리고 화려한 유혹보다는 진실한 삶의 길을 택하는 젊은이들이 미국이라는 나라는 물론 세상 젊은이에게 아직도 세상은 살만한 것임을 보여 주는 것 같다. "전쟁터에 있는 이야기를 그대로 듣는다는 것은 쉬운 일은 아닐 테지만, 영웅이야기는 과장(誇張)을 넘어 훨씬 더 영웅적으로 그려진다." (The truth of war is not always easy to hear but it is always more heroic than the hype)는 린치 일병의 이야기다.

두 가족들은 왜 모르랴. 스타 탄생을 꿈꾸며 살아가는 세상에. 그냥 굴러들어온 복이라 생각하며, 고개만 끄덕여 주기만 하거나, 약속대로 침묵만 지켜주어도 누이 좋고 매부 좋은 일이라는 것을. 평생을 보장받는 영웅이 되고, 그들이 사는 마을 어귀에 동상도 세워질 것이고, 행여 영화도 나올 것이고, 초등학교 교과서에도 실려 질지도 모르고, 순회강연이랍시고 전국을 돌며 꽃다발을 받을 지도 모르고, 그래서 역사에 길이길이 남겨 질 터 인데.

상업주의 물질주의에 찌들어 가는 시대에 살면서, 앞날이 제대로 보이지 않는다 걱정하며 식상(食傷)해 하는 현대인들에게 던져주는 '영웅 되기 거절' 의 신선한 메시지의 이미지는 영웅이 된 사람보다 보다 더 영웅적이다. 정도(正道)가 아닌 불의와 타협하기 보다는 양심쪽을 택한 미국 판 이야기가 고금(古今)과 동서(東西)를 서로 통하게 한다. 공자는 논어에서 그의 '도(道)'를 이야기함에 있어 '공(功)은 사양하는 마음으로 지키라' 했다.

원서 읽기

근래에 서양의 풍습이 우리에게 들어온 것 중에 DIY (Do It Yourself) 라는 용어가 있다. 자기 일은 자기 스스로 한다는 영문 축약자(縮略字)이다. 어지간한 일은 스스로 하지 않고 섣불리 사람들을 불러 일을 맡겼다가는 인건비가 배 보다 배꼽이 크기 때문이다. 한편 이와는 반대로 집에서 스스로 만들던 것들이 공장에서 생산 하도록 하여 제품의 다양화와 전문화로 사용자의 취향을 맞추어 나가는 새로운 공급의 형식을 취해가는 것도 있다. 시간도 절약하고, 생활을 편하게 하는 것들이니 간장 된장에 이어 김치 공장이 이러한 류(類)다.

원서로 책 읽기를 즐기는 사람이 의외로 많다. 독서를 스스로 해결하려는 DIY 사람들이 있다. 번역자들이 진상(珍賞)해 올리는 취향과 맛을 그대로 맛들일 것인가? 아니면 맛을 찾아 나설 것인가? 최근 시간적인 여유가 좀 있다싶어 이름 있는 작품들은 원서로 읽어 보기로 했다. 물론 어학을 공부한다는 속셈도 약간은 작용한 것이겠지. 독서에서의 이런 DIY 형태는 작가와의 작품세계를 직접적으로 교감을 가져보겠다는 생각이 주다. 그러나 원문 독서의 한계는 짧은 외국어 실력과 그들의 문화에 대한 전문적인 지식이 없는 것이 한계점이다. 잘못하다가는 어설픈 생선 맛 타령으로 고기를 잡으러 바다로 나서는 만용(蠻勇)과도 다를 바 없을 수도 있다.

그동안 우리가 읽어 오고 있었던 유명한 작품들은 한국 근대 문학사 자료에 의하면 당시 사각모를 썼던 대학생들이 주역이었다고 한다. 우리나라에서 해외 문학 작품에 대한 소개 시기는 1927년대 이며, 당시 이러한 학생들의 활동을 이름 하여 '해외문학파' 라고 하였다. 그들은 요즈음과는 달리 해외에서 어학연수를 할 기회가 있어 언어가 유창했던 것도 아니고, 게다가 작품 배경이 되는 사회 · 문화 체험의 기회조차도 가지지 못한 갓 입학한 예과 학생들이었다고 하니 어휘면에서나 경험 면에서나 여러 모로 미숙한 점이 짐작이 가고도 남음이 있다.

어떤 작품을 읽다 보면 때론 번역물이 원서보다 더 어려울 때가 있다. 아버지도 'He' 이며 아들도 'He' 이며, 그 집에 사는 수캐도 'He' 일 경우 문장 속에서 '그' 가 '그' 를 '그' 에게 하는 번역이 누가 누구 인지 번역자도 모를 경우 독자는 헷갈리게 되어있다. 특히 'it'

라는 대명사가 반복될 경우 이것이 의미하는 '그것' 이 과연 어느 것을 두고 하는 말인지는 앞뒤 전말을 세밀하게 보지 않으면 쉽게 이해하지 못한다. 요즈음의 번역물들은 전문 번역자들이 하고 있고 또한 전공자가 전문성을 가지고 집필하기 때문에 원작이 소개됨과 거의 동시에 서점가로 출시되고 있어 책의 내용이나 가격 등을 생각해 볼 때 정말 책 읽기는 편리해 졌다. 초기의 애로사항들은 지금에 있어서는 단지 기우(杞憂)에 지나지 않는 것으로 알고 있다.

집집마다 담그던 김치도 이제는 김치 공장으로 달려가 사 먹는 판에 번역된 좋은 책 읽기도 시간이 부족 할 텐데 직접 읽는 다는 것은 의욕은 높이 사 줄 만하나 그 효용에서 생각해 보면 비능률이 이만 저만이 아니다. 통상 원서 한권 읽으려면 직장을 다니는 사람일 경우 짬을 내어 여유시간을 할애하여 부지런히 읽는다 해도 한 달은 장히 걸려야 한다. 책읽기가 이렇게 어렵고 힘들어서야 되겠는가? 그렇다고 해서 이러한 원서 읽기가 필요 없는 것은 아니다. 남들의 손을 거친 의미전달 보다는 원서에서 풍기는 작가의 마음을 직접 느끼고, 작품의 진수(眞髓)를 맛보기 위해서라면 책읽기의 DIY란 의미 있는 고생이 될 수 있겠다고 생각한다. 아마추어와 프로의 길은 엄연히 다른 길이어서 전문가가 생업을 위해 위험을 무릅쓰고 바다에 나서는 전문 어부라면 우리는 한가함과 여유로움을 가미하여 능력 범위 내에 조금씩 재미를 낚아 올리는 낚시꾼에 비해야 하지 않을까? 그러니까 책읽기에서의 DIY는 괜히 사서 하는 고생으로 생각하면 어떠할까 생각한다. 마치도 휴일 날 비지땀을 흘리며 올랐던 등산의 보람이 그러하듯 멋으로 하는 고생이라 생각하면 어떠하랴.

이팝나무

세상에 나무이름 외우기만큼 어려운 것이 어디 있으랴. 방금 들어도 잊어버리고, 눈 여겨 보아 놓는데도 또 그게 그것 같아 보이는 것이 꽃과 나무들의 이름들이다. 학명으로 된 거야 외국어로 된 것들이니 복잡하겠지 하고 지레 겁을 먹게 되어 있겠지만, 일상의 생활 주변의 나무 이름이면 그렇게 어렵지도 않을 텐데, 왜 이렇게 헷갈리고 삼삼할까?

한동안 나는 '이팝나무'를 찾아 헤맨 적이 있다. '이팝나무'는 내가 사는 시의 시목(市木)일 뿐 아니라 더러 글쟁이 들이 글속에 끌어다 놓곤 하는 바람에 사뭇 이 나무에 대한 관심을 가지게 되었던 것이다. 이름으로 보아 나무의 원조는 서양물이 좀 들은 듯한 발음이 되는 꼴이 더욱 더 궁금증을 불렀다. 자주 이 나무에 관한 물음을 물었기에 자연히 '이팝나무'는 우리 가족들 모두의 관심사가 되었다. 마침 지난

추석 성묘 길에 우연히 수목원(樹木園) 앞을 지나치다 '이팝나무' 생각을 떠 올리고는 돌아오는 길에 이곳에 들러 끝장을 보자고 가족들이 의견을 모았다. '이팝나무' 도 찾고, 겸하여 나무가 있고 물이 흐르는 곳에서 명절 짜투리 시간을 보내는 것도 좋은 방법이라 생각되어 수목원 견학이 자연스레 이루어 진 것이다.

그날 오후 입구 온실 속의 선인장으로부터 시작하여 마지막 코스모스 밭에 이르기 까지 샅샅이 찾았으나 이팝나무는 보이지 않았고, 이곳저곳 사람들에게 수소문 해 보아도 이 나무를 알고 있는 사람이 없었다. 하는 수 없이 관리 사무소에 들어가 도움을 청했다. 간단한 대답이었다. 이곳에서 그 나무 찾는 사람 처음 본다는 이야기다. 눈치를 보니 좀 흔한 나무라서 귀하게 안에다 모실 그런 입장이 아니라는 듯한 표정이었다. 입구 주차장에 즐비한 것이 '이팝나무' 이니 주차장에 나가 보란다. 이 고장에서는 흔하디 흔한 것이 '이팝나무' 란다. 수목원 밖을 나와 보니 그의 말 데로 여기저기에 '이팝나무' 천지였다. 가족들은 모두 '이팝나무' 에 대한 궁금증이 풀린 듯했지만, 내게는 그놈이 참 버들 같기도 하고, 플라터너스 같기도 했다. '이팝나무' 라는 나무명도 달지 않았을 뿐더러, 게다가 설마 이것이 그것일까 하고 의심을 먼저 앞세우다 보니 변변한 기억도 나지 않는다.

지난 봄 가까운 곳에서 '이팝나무' 를 재차 확인할 기회가 있었다. 가로수로써 쓰이기도 하여, 눈썰미 있는 사람은 쉽게 찾을 수 있을 거라고 했던 수목원 아저씨의 말 데로, 동네 초등학교는 울타리에서 발견되었다. 동네 초등학교는 주민들의 운동장이 되기도 하고 또는 공원의 역할도 하고 있다. 고마운 것은 선생님들이 교내의 모든 나무에게 명찰을 달아놓아 자연스럽게 자연 공부가 되기도 한다. 이중 가장 반가웠던 것은 그때까지 구분이 명확하지 못했던 '이팝나무' 가 명찰을 달고 주욱 교정을 둘러싸고 있었던 것이다. 난 집에 돌아와 카메라를 찾았고 제일 먼저 '이팝나무' 라는 명찰부터 찍고 난 다음, 눈 내린 듯 하얗게 꽃핀 '이팝나무' 에 정신없이 셔터를 눌러댔다. 미처 답을 주지도 못한 채 멀리 시집 간 딸아이에게도 파일을 보내어 알려줄 셈 이었다.

'이팝나무' 는 서양에서 흘러 들어온 것도 아니며, 찾아서 헤맬 만큼 귀한 나무도 아니며, 거저 이웃에 자리한 가로수 나무의 한 종류라는 드디어 알았다. 들녘에 있는 조팝나무가 같은 '팝' 자 돌림을 하고 있어, 이놈과 비슷한 무리 중에서 찾으려던 했던 나의 선입견이 더욱 나를 혼돈스럽게 했던 것이다. 하얀 꽃 '이팝나무' 는 우리 시(市)에 유독 많이 있기 때문에 시목이라고 한다. 흔한 나무를 귀하게 찾아 헤매다니, 나도 어지간히 변변찮은 시민인가 보다. 나무에게 나의 무지가 민망하지만 그나마 다행이다. 늦게나마 그의 이름을 불러 줄 수 있어서. 김춘수 시인의 '꽃' 이란 시가 얼른 생각난다.

'내가 그의 이름을 불러 주었을 때/ 그는 나에게로 와서/ 꽃이 되었다.'

인사치레

나이 들면 인사하기도 어렵고 받기도 어렵다. 인사 예절쯤이야 유치원에서 다 배웠을 것 같은데. 무심코 건네는 인사 속에 서로가 마음을 다치는 경우가 있다. 오래 만에 만난 사이라면 "안녕하세요? 오래간 만입니다. 잘 지내시죠?" 하면 될 것을 여기다 토를 달고, 정내며, 멋 부리고, 오버하다 그만 일을 덧내는 것이다.

오랜 만에 서로 만나 자리에서 상대의 신상을 지나치게 꼼꼼히 캐묻거나 관심을 가지는 것은 좋지 않다. 난처한 질문을 하여 상대를 안절부절하게 할 이유가 무엇이람? 자식이 혼기에 차 있는 사람에게는 자나 깨나 결혼 문제가 가장 난감한 일이다. 걱정에 걱정을 하고 있는 차에, '개혼(開婚)은 언제 하나요, 너무 고르고 계시는 건 아닌가요?' 겉으로 위해 주는 척 걱정해 주는 척 하나 상대방의 비아냥 거림을 바로 눈치 챌 수 있다. 자기는 혼사 끝냈다고 남 약 올리자는 심보인지, 아니면 정말 걱정이 되어서 하는 말인지, 돌아서다말고 기분잡치고 심기가 불편해 진다. 딸아이 모두 출가를 시켜서 다행이지, 어려웠던 인사 주고 받기였다. 헛 인사 찬물만큼도 못하다지만, 이럴 때는 인사도 좀 치레로 해 줄 수는 없을까? 없는 정 있는 정 다 내려고 골라서 한마디 보탠다는 것이 생각 밖으로 불필요한 사족(蛇足)이 되어 서로에게 부담을 주고 탈을 만들 수 있다. 차라리 인사는 조금 절제해 주는 것이 좋지 않을까? 요즈음 마라톤 연습에 몰두하다보니 얼굴에 살점이 없어지고, 가무잡잡해 지기 까지 해서 모습이 제대로 말이 아니다. 내가 거울을 보아도 동남아에서 온 사람 같아 속이 상해 있는 참이다.

"아이고! 오랜만입니다.
그런데 왜 얼굴이 이 지경이 되셨습니까?
어디 편찮으십니까?"
"아픈 데가 없는데요? 그렇게 보이 십니까?
요즘 운동을 좀 많이 했더니--- "
"그래도 그렇지 너무 말랐어요.
그 좋던 얼굴이 말이 아니어서 그래요"

서로 인사를 마쳤다.

이런 땐 참 난감하다. 갑자기 환자 흉내라도 내어야 되는 건지. 짧은 순간에 무심코 내게 보여준 애정의 표시가 돌연 나를 환자로 만들어 놓고는 총총히 사라졌다. 그가 떠난 뒤 한참동안 나는 가게 유리창에 비치는 나 자신의 볼품없는 몰골을 훑어보았다. 그리고는 이런 소리 들어도 싸군 하고 자학 아닌 자학을 하였다.

퇴직한 사람에게 "요즈음 뭐 하니?" 하는 것도 인사로 적합하지 못하다. 내가 백수라면 화답하기가 난처한 인사말이다. 나이가 들어 퇴직하고 나면 직장에 다니지 않는 사람이 전부인데, 이런 것을 문안 인사라 할 수 있을까? 성의 없는 어정쩡한 화두이다. 인사받는 당사자가 난감해 하면, 건넨 자도 안절부절 해 지며 마음이 편치 않아진다. 이럴 때는 언제 어디서든 별 탈이 없는 인사가 있지 않는가? 말을 해도 촉(觸)이 걸리지 않는 날씨나 상대방 칭찬의 말을 하는 것이다. '거 참 날씨 좋군' '요즘 얼굴 좋군' 등이 무난하지 않을까. 짧은 순간에 상대방을 칭찬할 소재를 찾아내는 것도 보통 능력이 아니다. 만나서 즐거우면 그만이지, 무슨 일 하는 것이 무어 그리 궁금해서 "요즈음 뭐 하니?" 하고 인사를 건넬까?

사람들은 자기를 좋아하는 사람을 좋아한다. 만나 부담을 주거나, 마음고생 시키는 사람을 모두가 피하고 싶어 한다. 따라서 서로 정을 확인하며 친교를 위해 나누는 인사는, 일상의 비즈니스에서 대화하는 것과도 다르기 때문에, 손쉽고 부드럽고, 절제된 모습의 인사이어야 한다. 옛 어른 들의 말에 의하면 상가(喪家)에서 문상을 할 때도 명확하고 딱 부러지는 인사를 하지 않는 다고 한다. '우물우물' 거리며 '엉거주춤한 인사' 가 좋다고 했다. 그렇게 해야 상주(喪主)도 이에 화답하는 의미로 '궁시렁 궁시렁' 하며 어정쩡하게 보낼 수 있지 않을까. 많은 조객의 문상의 말들 귀담아 듣고 그때그때 맞는 답을 해 주어야 한다면 상주에게 이것보다 더 피곤한 일이 어디 있겠는가? '인사치레' 라는 말이 있듯이 우리에겐 더러 인사가 '치레' 의 수준에 그쳐도 좋을 때도 많다. 지나침은 모자람만 못하다는 말은 우리가 나누는 일상의 인사에서는 더욱 그러한 것 같다.

자신을 먼저 대접하자

딸아이가 출산을 앞두고 있어 우리 내외는 산모의 가사(家事) 원정(遠征)에 나섰다. 식구야 자연스레 산모를 돌보는 일을 맡으니 긴급출동 목적에 맞게 업무가 할당 되었지만 내게는 정히 맞는 일이 없었다. 이제는 몇 달 편하게 지나게 되었구나 생각하고 있을 때, 아주 큰 숙제가 내게 떨어졌다. 송아지만한 개[犬] 돌보기였다. 식구가 할 산모 뒷바라지는 귀여운 아기를 돌보는 일이니 재미있다고 생각되었지만, 내가 할 일이 개 돌보기라니, 이는 삼복더위에 그리 달가운 일감이 아니었다. 그러나 딸아이가 어찌나 개를 애지중지 하던 지라 갓난 아이도 중요했지만 개 또한 잘 살펴야 할 대상으로 부담스러웠다. 무사히 소임을 마칠 수 있을까? 여간 신경이 쓰이는 일이 아니었다. 주인이 귀히 여기고 있으니 덩달아 나도 그놈 대접에 소홀해서는 안 된다는 생각이 들었다. 주인이 정승 모시듯 해 왔는데 임시 보호 역할을 맡을 대타(代打)로써 주인 이상으로 잘 대해 주어야 내게도 정을 붙이고 따라

다닐 것이 아닌가. 개는 큰 덩치에 어울리게 어찌나 힘이 센지 한번 씩 고집을 부릴 때는 허리가 휘청거렸다. 골든 리트리비어(Golden retriever)라고 했고, 사냥개의 일종이란다. 더러 영화에서 우람한 장면을 보기는 했으나 막상 다뤄보니 매우 유순하여 맘이 놓였다. 단독주택에 살 때 마당에 개를 키워본 경험이 있어 개의 속성(屬性)은 대충 알고 있기에 다행이다만 그런 경험이 없었다면 큰 일 날 뻔 했다. 고삐를 틀어쥐고 산보를 할 때는 다른 사람들의 이목(耳目)이 온통 내게 쏠린 듯 어깨가 으슥해 지기도 했다. 진돗개를 몰고 모양을 내던 때보다는 한 단계 그레이드 업이 된듯하여 드라마 속의 노주현(?)이 된 기분이었다.

사람들은 겸손의 뜻으로 또는 일부러 자신을 낮추기 위해 자기 것을 소홀히 대하는 사람들이 많다. 의도야 예절 바르고 좋은 것이겠지만, 요즈음 세태에서는 달라져야 한다. 자기 PR 시대이다. 내가 내 것을 알아주지 않으면 남도 내 것을 알아주지 않는다. 딸아이가 애지중지하고 있지 않았던들 내게도 그놈이 귀하게 여겨졌을까? 집안 일이 넘쳐나는 가운데 설상가상으로 일거리 하나가 붙어난 것쯤으로 생각하고 짜증스레 개를 나에게 맡겼다고 생각해 보자. 그러면 인계 받은 필자 또한 개에 대한 대접이 주인보다 더 소홀해 졌을 것이다. 특별히 시범을 보여 가며 간수를 하는 것을 보고 있노라면 애비도 그렇게 해야 한다는 무언의 강요 같은 것이 느껴졌다.

집안에서 우리의 일상도 마찬가지 같다. 손님이 있거나 가족들이 다 함께하는 저녁 식탁은 넵킨이며, 수저며, 쟁반까지 있을 자리에 제대로 놓여 격식을 차린 식탁준비를 한다. 그러나 주부 혼자 앉게 되는 경우 그 차림은 전혀 모양이 다르다. 허술하기 짝이 없다. 뚝배기 채로, 아니면 남겼던 음식을 그대로 올려놓기도 하여, 갑자기 하녀 밥상 모양이 되어버리는 것이다. 생각해 보자 내가 나를 대접을 하지 않는데, 누가 나를 대접해 줄 것인가. 혼자 먹는 식탁일수록 스스로 우아한 모양 갖추기를 권하고 싶다.

개운동은 일상 내가 해오던 산보 운동량에 맞추다 보니 좀 많을 것 같긴 했지만, 아무리 그래도 본인의 운동량을 개에게 맞추어 줄여 줄 수는 없지 않겠는가. 한 시간 넘게 산보를 하면 개는 뒷심이 약해 막판에는 뒤뚱 걸음이다. 아마도 출산 뒷바라지가 끝날 쯤에는 깡마른 트레이너를 닮아가 살이 쏙 빠지지 않을까 싶다. 개와 같이 하는 운동은 잠시도 방심해서는 곤란하다. 미리 대비하고 다녀야 할 것은 비닐 봉투와 부삽이다. 시간이 좀 길다 싶으면 비닐봉투는 두 개정도를 준비하고 다니는 것이 좋다. 멀쩡하던 놈이 사람들이 많은 곳만 지나면 약속이나 한 듯 실례를 벌이니 사전 준비가 소홀하면 신사체면을 형편없이 구기게 된다. 맨손으로 처리도 못하고, 그렇다고 도망 갈 수도 없지 않는가. 이놈의 뒤처리를 깔끔하게 처리 하지 못하면 동네 사람들로 부터 무례한 사람 취급을 받을 수도 있기 때문이다.

흔히 행실이 바르지 못할 때 개차반이라고 한다. 개의 행동은 원하는 만큼 고분하지 못하다. 그러나 아이가 너무 좋아하는 동물이다 보니 개차반이 되어야 할 개 돌보기도, 견공(犬公)을 모시는 마음으로 여름 비지땀을 흘렸다. 그리고 개와 아이에게 얻은 한 가지 교훈은 이것이다. '스스로를 대접하라.' '자기 자신을 귀한 존재로 먼저 대접하자.' 그래서 일부러 라도 귀한 태(態)를 내어보자. 내가 내 것을 소중이 다룰 때 남도 내 것을 소중이 여겨준다. 드러나지 않는 곳, 일상의 생활에서도 분위기를 띄우고 우아해 지려 노력할 때 나는 남들로부터 귀한 대접을 받을 수 있을 것이다. 의도적으로 우아해 지려는 자기 노력이 없으면 무의식 중에 남의 눈으로 허술한 나의 모습이 새어나기 십상이다.

팔순잔치

선배님은 팔순 잔치를 앞 당겨서 하셨다. 왜냐하면 다음 달 12월은 연말이 되어 저마다 스케줄이 넘쳐 좋은 자리를 마련해도 제대로 반갑지 못할 초대가 될 것 같아 오시는 분을 배려해 그렇게 하시는 것이었다. 아울러 별도 자리를 마련하심은 가족행사 당일 혹시 분주하여 가까운 분들에게 소홀해 질까 하는 우려에서 그렇게 하시는 것 같기도 하다. 만찬 시간동안 시종일관 건강하게 웃으시며 좌중을 압도 하시는 모습은 팔순 잔치가 아니라 예순 환갑을 보는듯하여 참 보기 좋았다. 요즈음은 평균 수명이 늘어나 환갑은 수연 축에도 들지 못하여 청년환갑이라 하기도 한단다. 수명도 많은 인플레이션이 된 모양이다. 옛날에는 스물에서 서른이 될락 말락 젊은 나이에 죽는 사람이라야 요절(夭折)했다고 말하고, 40대쯤 세상을 뜨는 사람을 명(命)이 짧은 사람이라 아쉬워했다. 그런 시절에는 60, 70세이면 수(壽)를 다하는 사람으로 여겨졌을 것이고, 팔순 잔치라면 호호 백발 꼬부랑 할머

니쯤이 아니었을까. 웃자고 하는
이야기겠지만 이제는 60세에 세상을 떠나는 사람을 요절이라고 하고, 70세에서야 단명이라고 슬퍼한다고 하니, 그러고 보니 팔순 잔치를 하고 있는 선배님의 자리는 그냥 수수한 생일초대라고나 하면 더욱 기뻐하실까?

좌중의 초대받은 사람들이 축하를 드리는 방법 또한 너무 멋이 넘쳐나 자리의 품격이 돋보였었다. 지금은 팔순을 축하드리고 있지만 부디 오래 사시어 구순에도 백세에도 계속해서 잔치를 베풀어 주셔야 한다는 애교 섞인 주문성 축사도 있었고, 의학의 발전 추세로 보면 100살은 기대해도 좋을 법하다는 보완 설명도 있었다. 선배님은 내년에는 망구가 된다고 우스개를 해 주셨으니, 망구(望九)란 90을 바라보는 81세를 두고 하는 말이다.

젊으나 늙으나 남자들 모임에서는 혁대 아래의 걸죽한 이야기들이 없이는 제 맛이 아니다. 어느 팔순 잔치에 아들들이 부모를 향해 축원했다고 한다. "아버님, 학처럼 오래 사세요" 맏아들의 축하다. 다음 자식은 "아버님 거북이처럼 오래 사세요." 했다. 그러나 막내 며늘 아기는 "아버님 X 같이 오래 사세요." 해서 수연자리가 그만 노발대발 아수라장이 되었다고 한다. 나중에 천연덕스런 며느리의 설명이 있은 다음에야 사태가 수습이 되었다고 한다. 그래, 죽었다 살아나는 것이 죽는 것 보다 좋지. 모두가 무릎을 쳤다. 이어 치매에 대한 이야기가 시작된다. 선배님은 치매에 대한 농을 해 주셨다. 경미한 단계가 화장실에서 지퍼를 올리지 않고 나오는 단계이고, 좀 심한 단계는 손자 오줌 누이려 쉬쉬하다가 할아버지도 같이 쉬를 해 버리는 단계라 했다. 치매 마지막 단계에서는 숨 쉬는 것 잊어버리고 저 세상 떠난 다고 하여 폭소를 쏟았다. 특히 일흔이 되신 중간 선배님 한분은 생신축하 노래를 목청껏 불러 모두가 파파로티를 같다는 공치사가 이어졌다. 40대 후반의 막내 손님은 일어서서 본인도 나중에 팔순 잔치를 크게 할 터이니, 오늘 초대해 주신 선배님도 후일 제 팔순 잔치에 꼭 오셔야 합니다하고, 40년 후의 초대를 미리 하니 선배님은 그 의미를 바로 읽으시고 파안대소하시었다. 선거철이 가까워 져서 여당을 위한 위하여, 야당을 위한 위하야가 뒤 섞이며 축배의 잔이 오며 가며 맞부닥뜨릴 때 마다 모두가 내일처럼 기뻐했다. 선배님 트레이드마크 건배 구호인 나라의 발전과 가정의 행복 나 자신의 건강을 위하여 '나가자' 는 여느 날보다 힘이 넘쳤다.

마지막 선배님의 화답은 오래도록 기억에 남는 다음 이야기를 들려주셨다. 명심보감 교우편에 나온 말이다. 로요지마력(路遙知馬力)하고 일구견인심(日久見人心)이니라.

길이 멀어야 말의 힘을 알 수 있고, 날이 오래 지나야 사람의 마음을 알 수 있느니라.

오늘 참석한 모든 분들의 오랜 친교에 대한 화답의 말씀이었다.

늙다리 친구들

뒤 늦게 되돌아오는 연하카드는 무언가 찝찔하다. 부산했던 연말연시가 한참이나 지난 뒤 붉은 스템프로 벌겋게 얻어맞고, 주소불명이나 소재지에 이런 사람 없음이란 항목에 쐐기표로 체크가 되어 뒤 늦게 되돌아오는 반송 우편물은 돌아온 탕자(蕩子) 같이 초라한 모습으로 우편함에 놓인다. 일 년에 단 한번 나누는 새해 인사를 답장 없이 떼어 먹거나, 되돌릴 친구들이 아니다. 벌써 스무 해가 넘도록 한해도 빠짐없이 연하장을 주거니 받거니 하였는데, 행방이 묘연해지는 친구의 수는 우편함에 놓이는 반송우편물의 숫자가 말해 준다.

내게는 바다건너에 친구들이 여럿 있다. 대부분 본인 보다, 스무 살이 위인 친구들이다. 그들은 해외 주재원 근무를 통해 업무를 관련하여 서로 어울렸던 사람들이기에 내가 환갑이니 지금은 모두 여든이 넘는 고령자 들이다. 인사[Season' s Greeting]가 오가는 년 말이 되면 친구들에게 성탄 또는 연하 카드를 보낸다. 안부를 전하는 것을 포함해 더러 더러 한 해 동안 있었던 집안의 대 · 소사에 대한 이야기 들을 나눈다. 외국어로 글을 쓰는 불편함으로 치면 카드 한 장도 귀찮고 거추장스러울 것 같지만 강산이 두어 번 변하는 세월동안 늘상 해 오던 일이라 그런지 지금까지도 습관성 카드 보내기는 계속되고 있다. 이런 빌미로 인해 어떤 친구는 한국에 왔던 적도 있었고, 때론 내가 여행이 마땅치 않을 때는 그들의 곳을 방문하여 주기도 하였다.

그러나 언제 부터인가 연하장은 인사치레보다는 오히려 간접적인 생사확인의 메신저로 둔갑되었다. 왜냐하면 이 친구들의 나이가 어언 팔순을 넘기고 보니 하나씩 둘씩 떠날 때가 되었기 때문이다. 미 해병대 대령으로 전역해서 엔진회사(P&W)에 간부로 있던 '에드(Edward)'는 업무상 자주 옥신각신 하였던 사이로, 양국 간 업무의 이해가 얽히면 그리 협상이 용이 하지 않았던 친구였다. 후일 회사 일도 손 놓으면 마을 초등학교에 자원봉사 요원으로 자국 역사를 가르치겠다고 했던 친구다. 서로 먼저 자기 쪽에 방문해 달라는 고집을 피운 통에 실상은 헤어진 후 한 번도 만나지 못하고 20년의 세월을 보냈다. 스무 해가 넘게 서로 연하장 만 오갔다. 서로가 헛 인사쯤으로 생각하고 한번 쯤 놀러 오지 않겠느냐는 식이었다. '지금 당장' 이 아니면 '언제 한번' 쯤이란 말은 약속이 아니다 라는 말이 실감이 난다. 답신은 두어 해 전부터 멈추었고, 지난해 1월이 넘어서야 늦깎이 회신이 부인으로부터 왔다. 내용인 즉 그동안 잊지 않고 보내온 편지에 대한 감사와, '에드' 는 두 해전 10월 심장마비로 타계했으니, 앞으로는 부인인 자신이 대신해서 답을 보내겠노라 하며, 일찍 소식을 드리지 못해 미안하다는 짧은 메모를 보내왔던 것이다.

올해에도 연하장 두 장이 되돌아 왔으며, 다른 한 장은 되돌아 오지 못하고 함흥차사가 되었다. 모두 10장 넘게 보낸 중에 3할이 탈이 난 셈이다. 수취인 불명의 딱지를 달고 되돌아온 우편물은 친구 '멜(Mel)' 과 '토마스(Thomas)' 이며, 누군가 받긴 받았는듯 되돌아오지 않았지만 회신이 없었던 친구는 노스롭(Northrop) 항공사에 일했던 '던(Done)' 이다. '던' 은 얼마 전 다른 인편을 통해 지난여름 작고했다는 소식을 들었다. 항공 종사원 답게 자신의 경 비행기를 가지고 있었으며, 내가 가주기만 하면 '라스베가스' 로 자가용 비행기를 태워 주겠다던 친구였다. 다행스럽게 내가 존경하는 선배 한분이 그의 장례에 참석하고 돌아왔다는 소식으로 조금은 마음의 위로가 되었다. 그러나 불행스럽게도 편지가 되돌아온 '멜(Mel)' 과 '토마스(Thomas)' 두 사람의 행방은 아직도 묘연하다. 두 사람 모두 한국 프로젝트에 열심히 성의를 보였던 참한 친구이었으니 더욱 아쉬움이 크다. 이들도 그만 하직한 것일까? 전화번호를 간신히 찾아 통화를 시도해 보았지만, 이것이 언제 전화번호인데, 20년이 훨씬 넘게 오래전에 메모한 전화번호로써 통할 리가 없다. 존재하지 않는 번호임으로 다시 한 번 번호를 확인하고 걸어 보라는 녹음만 되풀이 될 뿐이다. 한해에 세 명의 친구를 보낸 셈일까? '멜' 은 그래도 여든이 살짝 못 미친 양반이니 내가 '긴가 민가' 하고 있다. 금년 연말에도 전처럼 안부를 물어야 하나? 상대의 행복을 소망하는 연하장이기 보다는 생사확인을 점검하는 듯 마음에 부담이 되는 것은 친구들의 나이가 대개 여든을 훨씬 넘고 차례로 하늘의 불림을 받고 떠나고 있기 때문이다. 정산(精算)처럼 하나 둘 씩 이름을 지워야 하는 친구들. 이번 여름엔 직접 그들을 찾아 안부를 확인해야겠다는 생각이 들었다. 다행히 한 친구가 전화가 연결 되었다. 친구의 목소리는 나이에 답지 않게 아직도 칼칼했다. 맥주 골통쟁이 '데일(Dale)' 이다. 친구에게 더 이상 목젖이 탄력을 잃기 전에 좋아하던 쿠어스(Coors) 맥주 한번 쿨(Cool)하게 마셔보자며 여름 상봉계획을 제안해 놓았다.

사람 보기

새 정부 들어 관가(官家)가 뜨겁다. 이런 저런 사람들의 하마평(下馬評)이 무성한 가운데 등극(登極)하는 사람들의 마음은 발탁해준 나랏님의 성은(聖恩)이 하해(河海)와 같으리라. 조그만 회사운영에도 사람관리가 어려운데 하물며 국사를 다루어야 하는 나라 살림에서 보이지 않는 곳을 꽤 뚫어야 하는 '사람보기'란 얼마나 어려울까 생각해본다.

옛 중국에서의 '사람보기'는 대게 이러했단다. 사람을 제대로 보기 위해 일부러 기밀을 털어놓고 그 됨됨이를 지켜보기도 하고, 때로는 금전을 맡겨서 상대의 정직함을 점검해 보기도 하였다. 어려운 일을 맡겨 용기가 있는지를 살피거나, 술을 먹인 후 취한 뒤의 태도를 관찰하기도 했다고 한다. 그럴듯한 접근 방법이다. 시간이 무진장인 아날로그 사회에서야 가능할 일이지만 오늘 날처럼 나노(Nano)시대에 살고 있는 우리로서는 전혀 불가능하다. 인재들을 데이터 뱅크로 관리하고 그 중에서 복수(複數)로 추천하고, 통치자의 낙점 후에는 청문회를 통해 샅샅이 지난 이력을 뒤진다. 그렇게 해도 뒤 탈 구석은 항상 있어왔으니 '사람보기' 가 여간 어려운 것이 아니다.

춘추 전국시대 위나라의 재상이었던 이극(李克)이 이야기 하는 인물 감정의 5가지 조건은 다음과 같았다. "불우 할 때 누구와 친하게 사귀고 있었는가/ 부유할 때 누구에게 베풀었는가/ 높은 직위에 앉았을 때 누구를 등용 했는가/ 궁지에 빠졌을 때 부정을 하지 않았는가/ 가난했을 때 탐욕을 부리지 않았는가" 등이다. 주로 인간의 본성이 나타날 수 있는 어려운 고비 고비 마다에 어떤 심성을 가지고 대처 했는가 하는 것이 주된 물음이 된 듯하다.

연(燕)의 소왕(昭王)은 황폐해진 국내 정치를 재정비 하기위해 인재를 뽑는 과정에서 사부(師傅)인 곽외에게 논의 했다. 이때 곽외는 '사람보기' 를 다음과 같이 권고하였다. 곽외는 오히려 인재를 뽑아 쓰는 사람의 태도에 대해 일갈(一喝)하고 있다. 먼저 주인의 마음이 어떠하냐에 따라 '사람보기' 결과가 달라진다는 것이다.

"상대에게 예의를 다하고 가르침을 받으려는 자세로 모집하면 백배 뛰어난 인재들이 모여들고/ 존경을 표시하고 상대의 의견에 귀를 기울이는 자세로 임하면 자기보다 열배 뛰어난 인재를 뽑을 수 있고/ 상대를 손쉽게 대하면 자기와 비슷한 사람밖에 뽑지 못한다./ 걸상에 기댄 채 곁눈질로 사람들을 흘깃 거리며 업신여기며 질문을 던지는 자세로는 조무래기 밖에 뽑을 수 없으며/ 호통을 치고 야단하며 사람을 함부로 대한다면 그런 곳에는 하인 나부랭이 밖에 모이지 않습니다." 라고 하였다.

한 때 관가에서는 눈높이가 맞는 대등한 사람들끼리 사람을 기용하여 장관회의가 모대학교 동창회 수준에 머문 적도 있다고 하니 특정학교 출신 선후배들이 얼마나 관직을 독점하였기에 이런 말이 나왔을까? 국사를 다루기 위해 사람을 찾으면서 오히려 자기 입맛에 맞는 사람을 골라 쓴다면 인재 등용 이기보다는 빚진 것을 되갚아주는 보은(報恩) 인사로 밖에 되지 않는다. 매스컴의 질타를 받아 마땅했다. 코드 인사는 착상부터가 잘못이며, 국사(國事)를 농락하는 일이며 심하게는 국민에 대한 오만 불손이다. 큰일을 도모하기 위해 세 번이나 필요한 인재를 찾아가 등용을 간청 했던 삼고초려(三顧草廬)의 고사는 꾸며낸 소설 속의 일화에 그치는 것은 아닐 것이다. 바른 사람을 불러다 바르게 쓰겠다는 오너(owner)의 간절한 소망과 정성이 담긴 '사람보기' 이지 않겠는가?

정부가 내 혼자의 것만이 아니듯이 기업도 내 혼자만의 것이 아니다. 기업에 있어서도 올바른 '사람보기' 가 제대로 되지 않을 때가 있다. 별로 공과를 가릴 수 없는 사람들이 슬그머니 발탁 승진되거나, 회사에 별로 도움이 되지 않는 인물이 이런 저런 전차로 특별히 인정을 받는다고 한다면 그것은 분명 '사람보기' 에 문제가 있는 것이다. 열심히 땀 흘린 사람들에게 허망함을 안겨다 준다.

한편 기업의 직원 채용에 있어서도 위 곽외가 지적한 대로 고압적(高壓的) '사람보기' 가 되어서는 바른 사람을 모으기 어렵다. 간부들은 회사에서 자주 면접을 주관하는 기회를 갖는다. 지원자가 많을수록 주인 입장이 된 우리는 나도 모르게 어깨가 으쓱해지고 거드름이 나온다. 이런 자세는 지원자에
대한 모독이며 훌륭한 인재를 고르겠다는 기업의 노력에 빗장을 거는 일이다. 뽑는 자의 태도가 오만 불손 하면, 회사는 조무래기나 하인 나부랭이들을 뽑을 위험이 다분히 있기 때문이다. '사람보기' 의 일은 관가에서만의 일어나는 새 정부의 일에 국한되는 나랏일로 그칠 것이 아니라 작게는 회사에도 유념해야 할 일이다. 기업은 '사람보기' 를 제대로 하고 있는지를 관가(官家)의 모습을 타산지석(他山之石)으로 삼아 다시 한 번 살펴볼 일이다.

김치

날씨가 무척 덥다.

여름날 오후에 개와 지내다 보니 이런 영화제목이 생각난다.

'개 같은 날의 오후' 라든가,

'개 같은 인생' 인가 뭔가?

비록 영화는 보지를 못했지만

이럴 것 같기도 하다

나는 딸아이 출산기간 동안 개를 돌봐 주고 있다

이집 개는 영리하다.

어린 아이정도의 지능을 가진다고 하지만,

생각보담 훨씬 더 지능이 높은 것 같다.

개 이름은 '김치' 이다.

토속 음식 냄새가 단번에 풍기는 재미있는 이름이지만

개종자 하고는 이름이 어울리지는 않는다.

'김치' 는 돌멩이나, 나무부스러기 등 잡스런 것을
갖고 놀기를 무척 좋아한다.
같이 놀다가도 이런 것만 마주치게 되면 정신이 빠져
갑자기 통제가 되지 않는다. 나는 나무 막대기로
이놈의 주둥이를 치며 말려 보지만 '김치' 의 의지는 강렬하다.
김치는 나무 막대기를 방해자로 생각하고 마구 공격한다.
개는 자기를 방해는 사람을 향해
직접 대항하지 않는다고 한다.
얼마나 현명한가?
같이 생활하는 사람을 향해 눈을 부라리거나,
허연 이빨을 들이댔다가는 맷감이나 장만할 것이고,
정남이만 떨어질 터인데.
번연히 작대기인줄 알면서도 어르릉 무력시위를 하는 것이다.
감히 대들 수 없는 상황을 인식한 나머지
우회적으로 나마 강력한 자기 메시지를
전달하려는 것이 아닐까
'김치' 는 예삿놈이 아니다.
어릴 때 딸아이가 가르쳐 준 명령어는 잘 알아듣는다.
'앉아' , '엎드려' , '가' , '서' , '기다려' , '안돼' , '먹어'
라는 명령과 그리고 '피' (소변), '푸' (대변)등이다.

거의 혼선이 없고 명령엔 절대 복종이다.
열개 도 되지 않는 단순한 말로 인간과 생활을 하는
'김치' 는 얼마나 현명한가?
아는 만큼 고생 할 터이니
애써 배울 것도 없고, 모르는 것은
인정사정 볼 것 없이 대화를 거부한다.
머리에 메모리 용량이 적어 그럴지는 모를 일이지만
하여튼 못 알아듣는 만큼 개는 편하다.
애써 배운 만큼 행해야 하고,
그것을 빌미로 인간은 더 많은 것을 요구할 터인데.
자고 먹는 정도의 의사소통 외에 무엇이 더 필요하랴.
이놈과 처음 만난 며칠 동안은
저녁에 한 시간 정도 걷는 운동을 했다.
'김치' 도 운동에 굶주려 있는 듯
처음에는 상당이 우호적이었으나,
운동량이 힘에 겨웠는지 얼마 후 부터는
집을 벗어나지 않으려 한다.
강제로 목을 끌어 보지만 번번이 개의 고집에 지고 만다.
'김치' 는 음흉스러운 면이 있다.
이놈은 정상을 참작 해 주거나 설마 하는 배려도 없다.

잠시라도 눈을 떼면 우발적인 상황들이 일어난다.
움직이는 무기처럼 위협적이다.
무척 반갑다는 인사가 앞발로 덥석 가슴팍을 밀어제쳐
상대를 곤혹스럽게 한다든지,
길거리 산보중인 작은 애완견을 향해 정신없이 달려가
개 주인을 혼미백산하게 만들어 놓는 일
(강아지 냄새나 맡고 그치지만)등등.
'김치' 도 제 딴에는 다 생각이 있으니
염려하지 말라는 눈치다
머리싸움을 거는 걸 보면
속에 능구렁이가 몇 마리나 들어 있는지?
더운 한철 보신탕 생각이나 하고 지냈을 이번 여름은
'김치' 와 더불어 잔 머리 굴리며, 씨름하며
마치 영화의 한 장면 같이 보냈다.
혹시, 영화 '개 같은 인생' 이
이런 것이 아니었을까 하는 생각이 들었다.

잘해줘도 탈

연말연시 어수선한 분위기 속에 돌연 작은 경비 아저씨가 물러났다. 아저씨들의 이름을 김씨 이씨 이렇게 부르기가 그렇다 해서 어른 아이 할 것 없이 모두들 큰 아저씨 작은 아저씨라고 불렀다. 키 큰 아저씨라야 그리 큰 키도 아니었지만 작은 아저씨가 조금 작아서 그냥 편하게 그렇게 불렀다. 갑자기 작은 아저씨가 바뀐다니? 아저씨는 울상이 되어 이곳저곳을 다니며 구원의 손길을 찾아 나섰으나 별다른 대처를 못했고 며칠 사이에 그만 새로운 아저씨가 현관에 앉아버렸다.

요즘 아파트 생활이란 어느 곳이나 비슷하지 않을까? 살아가는 모양이 어느 곳 이든 크게 다르지 않다. 복잡한 비밀 번호를 설정한 시건장치에다, 꽁꽁 문을 닫아걸고, 베란다에 철창살이라도 설치해 놓고 나면, 이제는 내 집은 안전하겠지 생각하고서는 현관에 경비아저씨야 있든 없든 별 상관하지 않는다.

그냥 치레로 한 사람 앞에 앉아 있으려니 생각하고 아저씨 보기를 소 닭 보듯 한다. 그렇다면 경비 아저씨들은 공 먹고 앉아 있을까? 경비 업체에서 용역으로 고용된 아저씨들이라 당연히 근무수칙이 있고 근무일지가 있고 그 임무는 군인이나 경찰의 초병에 버금갈 것이니 성실히 제 몫을 하려는 아저씨는 적은 봉급에 여간 힘든 일이 아닐 것이다. 고층이라 네 줄 거주민을 합하면 100가구나 되는데, 시골에 100가구라면 큰 마을이 하나이지 않은가. 적은 수의 주민이 아니다. 이런 와중에 아저씨들을 힘들게 하는 것은 철들지 못한(?) 주민들을 가르쳐야 하는 일이다. 주인과 지킴이의 임무가 서로 뒤 바뀐 난센스다. 겉으로는 지체가 높은 어르신들 같지만 하는 짓은 어른 아이 구분이 가지 않을 정도이며, 마음들은 밴댕이 속같이 좁아 아저씨들의 고충이 이만저만 아니니다.

작은 아저씨가 잘못했던 일이란 대게 이런 것이었다. 비상계단에 올라가면서 줄줄이 불을 켜는 개구장이를 혼내 주었던 일, 고층에서 아래로 담배꽁초를 내 던지는 주민을 찾아 맞선일, 엘리베이터에서 장난치는 아이들을 통제하고 꾸중했던 일, 분리수거를 무시하고 쓰레기를 은근슬쩍 내어 놓는 사람을 단속한 일, 음식물을 버릴 때 용기를 사용하지 않아 엘리베이터 바닥에 오물을 흘렸던 사모님께 훈계했던 일, 방문객을 꼬치꼬치 물어서 어떤 관계인지를 확인하고 안으로 들여보낸 일, 귀댁의 아이가 유리창을 파손 했으니 빨리 유리 갈아 넣으라고 닦달했던 일, 등 열거하면 할수록 번드레한 주민들의 자존심을 긁었던 일이였으며, 마치도 학교 규율 선생님 같은 분위기를 풍기는 아저씨였다. 모두들 귀찮아 하던 차에 아저씨가 바뀐다고 하니 내심 반기는 분위기였다.

편하게 봉급타고 오래 동안 더 있을 수 있었던 것을. 근무 수칙에 따라 단지 내 질서를 유지하느라 애쓰다 결국은 자신의 목을 죈 것이 되어버린 것이었다. 비상계단에 불을 써 놓으면 주민에게 전기세가 나오는 것이지 아저씨가 돈 더 내는 것도 아닐 테고, 고층에서 오물을 던진들 현관 안에 있는 경비 아저씨 머리에 떨어질리 만무하고, 방문객이 누구든 갈 곳을 가도록 놓아둔들 도난 사고가 나기 전까지야 경비 아저씨 책임 질 일 없고, 분리수거 안하면 쥐 파리 들끓어도 아저씨 집은 다른 동네에서 출 퇴근 하기에 아저씨와 별 상관이 없다. 모든 것이 내 탓이 아닌 귀하신 주인장들 탓으로 돌리고 벌건 대낮에도 늘어지게 낮잠이나 자면 될 터인데, 무어 그리 대단한 감투 쓰고 큰 돈 받아간다고 저래 악쓰고 애살맞게 하다가 쫓겨날까? '그까짓 것 뭐 대충'이라는 코미디 소리처럼 대충 할 것이지. 일 바르게 하는 것도 나쁜 습관일까? 이런 것도 화(禍)가 되네? 우리들을 귀찮게 했던 작은 경비아저씨가 그 성실함 땜에 그만 집에서 쉬게 되었다. 어수선한 연말연시에 우리 아파트에서는 작은 경비 아저씨의 바른 양심을 매달아 놓고, 주민들의 못된 버릇들을 풀어주고 말았다. 마치도 도둑 '바랍바' 를 놓아 주고 대신 '예수' 를 십자가형에 처하라고 악쓰던 군중처럼.

마라톤 즐기기

첫사랑의 설렘 같은 것 느껴 보고 싶다면 마라톤 경기장 출발 선상에서 보라. 무언가 좋은 일이 있을 기대감에 가슴 뭉클해 볼 량이면 삼천, 오천 사람의 웅성거림 속에 묻어 서 보라. 친구 따라 강남 가듯 부화뇌동(附和雷同) 마음이 휘둘리다 보면 스르르 청소년이 되어 주체 못할 젊음에 더욱 감격할 것이다. 마음이 절로 둥둥 떠다닐 것이다.

"소년이 되어
나이를 잊어 15세 소년이 되어
출발 선상에 서면
가슴이 제 먼저 쿵덕 거리고
솟아오른 풍선 따라
까마득 미지의 세계로 마음도 떠나고
선정적(煽情的) 확정기 소리에

겨드랑이도 들썩이며 날개 짓을 한다

확성기다발 보다
송송한 폐부에 공명이 더 크고
심장이 큰 울림으로 요동치는 것이
첫사랑 설렘이 이러 했을까
나이가 얼마인지 자문해 볼 겨를이 없다.
오직 건각(健脚)들 속에 건재 하는
한 소년으로 존재할 뿐이다.

카운트다운은
숨통을 죄는 긴장이다
곧 총성이 울리면 썰물처럼 쏟아져 나갈 것이나
다음의 일은 내 알바 아니다
유격 훈련장 조교에게 걸리던 체면술처럼
셋, 둘, 하나, 그리고 출발!
가자! 죽어도 좋다!
눈을 뜨니 오색 연막이 하늘로 치솟았다.”

늙다리 소년이 마라톤 대열에 뛰어들었다.마치도 유격 훈련장 점프 타워에 조교가 지르는 고함소리에 정신없이 아래로 뛰어 내리는 훈련병처럼.

애인 있습니까?
없습니다!
죽어도 좋습니까?
예, 죽어도 조~오습니다!

마라톤의 묘미는 골인 지점 가슴 내 미는 Finish라고 하지만 나는 오히려 출발 선상에서 첫사랑 만남 같은 초조한 설렘을 더욱 즐긴다.